JN418661

문학시대기획총서 · 3

대전의 문학비와 詩가 사는 기념비

대전문인총연합회

가마귀눈비마자
희는듯검노믹라
夜光明月이
밤인들어두오랴
님向한一片丹心이야
고칠줄이이시랴
서포김만중선생문학비
思親
어머니를 그리워하며
今朝欲寫思親語
字未成時淚已濛
幾度濡毫還復擲
集中應缺海南詩
꿈이라면
만해한용운시비
浩然齋金氏詩碑
素月詩碑
丁薰詩碑

金大炫詩碑
江
하늘이 와서 쉬나니
강물이 어이 자리오
역
한성기
푸른불 시그널이 꿈처럼 어리는
거기 조그마한 역이 있다
빈 대합실에는
의지할 의자 하나 없고
이따금 급행열차가
어지럽게 경적을 울리며
지나간다
눈이 오고
비가 오고……
아득한 선로 위에
없는 듯 있는 듯
거기 조그마한 역처럼 내가 있다
韓性祺詩碑
꽃밭
금당 이재복
노란 꽃은 노란 그대로
하얀 꽃은 하얀 그대로
피어나는 그대로가
제 모습 제 빛깔따라
어우러진 꽃밭이여
꽃도 웃고 사람도 웃고
하늘도 웃음짓는
보아라 이 한나절
뿌리를 한 땅에 묻고
살아가는 인연의 빛
문학새김돌
金冠植詩碑

신탄진
이덕영시비
鄭義溶詩碑
우리나라
푸른대전천
顯正塔

애국지사 설창수의 묘
우정청
대전사랑
나는 자랑스런 너 어머니
조국을 위해 싸웠고
내 조국을 위해
또한 영광스러이 숨지었노니
이유도 모르게 우는 나이팅게일의
영원한 짝이 되었노라
조국이여 동포여
내 사랑하는 소녀여
나는 그대들의 행복을 위해 간다

명학소 (망이·망소이) 민중봉기 기념탑
敬老憲章
殉職矯導官追慕碑
애국지사 문석부의 묘
흙
國際 펜클럽 韓國本部 大田廣域市 委員會
大田東光初等學校
開校七○周年紀念碑

3·8민주의거기념탑
詩人의 옛 집터
이곳은 여린 감성의 詩로 유명한 故 朴龍來 詩人이 사시던 옛 집, 靑柿舍(堂號)터다. 全國의 詩人이나 文學家들이 자주 들러 詩心과 藝魂을 나누며, 결 고운 作品을 創作하던 곳이다. 그동안 사는 이 없이 비워둔 집을 大田廣域市 中區廳이 사들여 住民便益施設로 造成하면서, 抒情 넘치는 朴 詩人의 創作搖籃을 紀念하기 爲하여 이 標石을 세운다.
2009. 5. 29
대전광역시 중구청장
(사)한국문인협회 대전지회장
개교 백주년 기념비
삼성을 기리는 노래
3·8 민주의거 기념비

詩는 예술 속의 여왕

김용재
시인. 대전문인총연합회 회장

지난 2008년은 육당 최남선의 신체시 〈해에서 소년에게〉가 발표된 지 100주년이 되는 해였다. 한국 현대시 100년을 기념하는 문학행사가 전국적으로 적지 않게 거행되었다.

대전문인총연합회는 문학시대 제20호(2008.6월)에 「한국현대시 100주년기념 「대전의 시비를 찾아서」라는 기획 하에 한용운 · 김소월 · 정 훈 등 대전의 시비 11기를 소개했다. 다음 문학시대 제21호(2008.12월)에는 「빗돌에 새긴 대전의 문학」이란 기획 하에 박팽년, 김만중, 호연재 김씨 등 일곱분의 문학비를 더 소개하였다. 이어서 문학시대 제22호(2009.6월)에는 「빗돌에 새긴 대전의 시」라 하여 시가 새겨진 기념비 아홉기를 소개하였다.

그리고 2009년 8월에는 대전시 승격 60주년을 기념해서 전국 문인 308명이 쓴 『대전사랑 시선집』과 전국문인 85명이 쓴 『대전사랑 에세이선집』을 간행하였는 바 『대전사랑시선집』에 「대전의 시비&문학비 그리고 시가 사는 기념비」라

하여 29기를 칼라 화보로 소개했다. 관련 유족이나 관계 인사들로부터, 그리고 많은 문인들과 지인들로부터 덕담과 찬사를 받았지만 전면 사진과 새겨진 시를 옮겨놓는 것만으로는 무엇인가 부족함을 느끼지 않을 수 없었다. 그래서 대전광역시에서 발행하는 월간 《이츠 대전 It's Daejeon》의 지면을 얻어 시와 시인을 소개하고 탐방기까지 부가하는 내용으로 「대전의 시인」… 연재를 했다. 2008년 4월부터 2011년 7월까지 총 37기를 소개, 안내한 것이다.

독자가 의외로 많았고 각종 통신수단을 통해서 격려해주시는 분들이 끊이질 않았다. 그런 가운데 이 모든 것을 한 권의 책으로 묶으면 좋겠다는 의견을 많은 분들이 제시해주었다. 책의 좋은 점이나 그 가치를 모르는 바 아니지만 재정 문제가 따르기 때문에 그 해결책을 강구해야만 했다.

대전문화재단에 지원신청을 하여 합격점을 받았다. 가뭄에 단비 내리듯 그 고마움이 가슴을 적셨다. 오랜 고민 끝에 결정한 표제 『대전의 문학비와 詩가 사는 기념비』 그 책자 발간의 사업목적과 기획 의도 및 세부사업내용을 소개한다.

· 사업목적

대전광역시 일원에 세워진 문학비(시비) 및 시가 새겨진 기념비를 현장 사진과 함께 총체적으로 조사연구하여 소개함으로써 시인과 시, 대전을 빛낸 역사적 인물의 공적을 기리고 시민들의 애향심과 자긍심을 고취시키며 문화 향수의 기반을 더욱 공고히 한다.

· 기획의도

대전의 문화 위상 상승 촉구

대전의 문화 사랑 의욕 고취

· 세부 사업내용

1. 공공성을 확보하기 위한 위원회를 구성하여 사업을 추진하였으며. 그

위원회 구성 멤버를 보면 다음과 같다.

송백헌 (문학평론가. 충남대 명예교수)	자문
최송석 (시인, 대전문인총연합회 명예회장)	자문
김용재 (시인. 대전문인총연합회 회장)	총괄. 탐방기
이정희 (수필가. 전 선문대 교수)	조사연구
전　민 (시인, 호서문학회 회장)	조사연구
한문석 (시인. 한성기문학상운영위 주간)	채록작업
김명아 (시인. 대전문학시대 주간)	채록작업
노명준 (준 스튜디오 대표)	사진촬영
최영옥 (기획출판 오름 편집부장)	채록작업

2. 두 차례의 위원회 심의토론을 거쳐 대전의 문학비 18기와 詩가 사는 기념비 22기, 합께 40기를 수록 확정. 문학비는 문인의 생존연대순, 기념비는 건립연대순을 따르기로 함. 유사성이 있으나 「목척교 유래비」「대전사랑 추억의 노래비」는 포함시키지 않았으며, 국립대전현충원에 세운 이은상, 이효상, 조지훈 등 수십명의 호국경구비 역시 포함시키지 않았다. 문학비(시비)로 우대할 수 있는 일부만을 선정하였다.

3. 문학비 및 기념비에 새긴 내용은 전–후–좌–우 순으로 전체를 채록하였으며 보조비의 내용도 일체를 포함시켰다. 맞춤법에 어긋나는 글자나 띄어쓰기가 잘못된 것도 가급적 새겨진 원문대로 따랐다.

4. 전문 사진작가를 초대하여 대부분 다시 촬영을 했고 글자를 채록할 수 없는 것은 건립 주최 또는 관련 인물을 찾아 각인하기 이전의 원문을 활용하기도 했다.

5. 문학비 및 기념비의 내용 일체를 소개하며 탐방기를 썼고 탐방기에는 건립의 의의, 감상, 평가 요소를 포함했다.
6. 기타 필요한 사항은 주관하는 대전문인총연합회장에게 일임하였다.

그리고 편집과 교정의 힘든 과정을 다시 거치며 의미있는 또 하나의 칼러판 책자가 대전문인총연합회에 의해서 탄생된다는 기쁨을 누리게 된 것이다.

이 책은 대전시민의 애향심과 자긍심을 고취하는 큰 힘으로 작용할 것이며 한국의 시인(문인)과 시, 대전을 빛낸 인물과 그 공적을 제고하며 문화향수의 기반을 다져 대전시민으로 하여금 대전에 사는 즐거움을 배가시켜 줄 것이라 믿는다.

시는 예술속의 여왕이라는 말이 있다. 그 여왕은 아름답기만 해서는 모자랄 것이다. 사람의 마음을 흔들 수 있고, 사람의 영혼을 이끌 수 있어야, 훌륭한 존재로 추앙받을 수 있을 것이다. 모두가 훌륭한 것은 아니겠지만 이 책을 읽다보면 자신이 찾는 그 여왕의 존재를 발견할 수 있을 것이다.

목차

제2부 詩가 사는 기념비

제1부

대전의 문학비

1. 박팽년시조비

대전광역시 동구 용운동·용운도서관

朴彭年時調碑

가마귀 눈비 마자
희ᄂᆞᆫ듯 검노ᄆᆡ라
夜光明月이
밤인들 어두오랴
님 向ᄒᆞᆫ 一片丹心이야
고칠줄이 이시랴

박팽년(1417-1456)은 이조 초기의 학자이며 사육신의 한사람으로서 본관은 순천이고 자는 인수仁叟요 호는 취금헌醉琴軒이다. 1434년(세종16) 문과에 급제하고 집현전 학사가 되어 여러 가지 편찬사업과 훈민정음 창제에 참가하였으며 충청도 관찰사를 지냈다. 수양대군이 왕위를 찬탈한 뒤 형조참판으로 임명되었으나 성삼문 등과 단종의 복위를 모의하다가 김질의 밀고로 탄로되어 잡혀 죽었다. 사후에 충정忠正이란 시호를 받고 관작을 복구, 이조판서에 추증되었으며 저서로 "취금헌천자문"이 있다. 선생의 학문적 업적과 절의 정신및 학문적 공덕을 기리고자 유허지 부근에 이 시조비를 세운다.

頌詩

김용재

사람마다 슬픈 가슴
벙벙한 그리움 심어놓고

靑史의 갈피갈피
속 우린 영혼의 꽃 피는가

어진 뜻 곧은 절개여
천년을 더 희게 빛나라

朴彭年時調碑建立推進委員會

推 進 委 員 長　　禹泳敏
大田廣域市東歐廳長　　朴炳浩
大田廣域市東歐議會議長　崔周龍
推進委員
孔康吉　金在明　金在玉　朴承萬
朴　雨　朴憲哲　朴煥緖　白洛必
申孝澈　延斗熙　吳俊煥　吳泰鎭
李敏永　李相學　李錫九　李昌基
任應均　張炳吉　鄭玉鉉　曺圭順
陳龍鉉

1998年 2月 日 立

撰 朴喜宣 書 云雀 朴慶東

박팽년 선생은 집현전 학사로서, 집대성(集大成)의 문장가로서, 그리고 빼어난 정치가 또는 행정가로서 그 이름이 높았고, 특히 충절의 사표가 되는 사육신의 한 사람으로 우리 역사에는 불굴, 불후의 인물이 되어 있다. 그러한 선생이 우리 고장에서 태어나고 그 생가지와 유허비가 전해져 내려옴은 문화시민으로서의 큰 자랑이 아닐 수 없다.

선생을 추모하고 그 정신을 선양하며 후세에 전할 의무도 함께 한다는 뜻으로 대전광역시 동구문화원과 동구청을 중심으로 뜻을 모으고 「박팽년시조비 건립추진위원회」를 구성하여 동구 용운동에 있는 용운 도서관내에 1998년 2월 선생의 시조비를 세웠다. 절의(節義)의 근본정신을 나타내고 있는 선생의 대표시조를 『진본 청구영언』의 표기대로 새겼고 건립의 글은 야석(也石) 박희선(1923-1998)시인이 지었고 글씨는 선생의 후손인 서예가 운학·박경동님이 썼다. 뒷면에는 김용재 시인의 「송시」와 건립위원들 이름이 새겨져 있다.

뜻있고 보람있는 문화사업의 큰 결실임을 생각할 때 장소가 협소하여 접근하기가 힘들다는 것이 안타깝다. 박팽년선생 유허(대전시 기념물 제1호)와 유허비(문화재 자료 제8호)가 있는 가양동(그 곳도 좁지만)이나 다른 넓은 장소로 옮기는 것이 좋겠다는 소리가 많이 들린다.

시조의 내용을 살펴보자. 이 시조에서 까마귀는 곧 절의와 절개, 또는 지조의 바탕이 되고 있다. 눈과 비는 자연의 아름다운 정서로 자리하는 것이 아니라 외압으로의 상징이다. 그러나 눈으로 덮어놓고 빗물로 씻어내려 해도 지기(志氣)의 근본은 변함이 없음을 초장에서 강조한다. 중장의 야광명월은 밤에 빛나는 밝은 달이지만 야광주(夜光珠)와 명월주(明月珠)로 보아도 무방할 것이다. 밤이나 어두운 곳에서 빛을 내는 아름답고 보배로운 두 구슬이 어둠과 밝음의 대칭적 상황에서 제 값을 발휘하고 있는 것과 같이 세상이 어지럽고 주위가 어두워도 의리와 기개의 정신은 어둠에 휩싸일 수 없는 것이다. 종장, 그래서 진심에서 우러나온 님 향한 충성된 마음은 변할 수 없고 고칠 수 없는 것이 되고 있다. 의리와 믿음을 숭상하는 현대적 개념으로도 이 시조의 가치는 결코 상실되지 않을 것이다.

2. 서포김만중선생문학비

대전광역시 유성구 전민동 허주촌(虛舟村) 선비마을

어머니를 그리워하며

오늘 아침 사친의 시 쓰려 하는데
글씨도 이루기 전에 눈물 먼저 가리우네
몇 번이나 붓을 적시다 도로 던져 버렸나
응당 문집 가운데 해남의 시 빠지겠네

사친 思親

금조욕사사친어　今朝欲寫思親語
자미성시루이자　字未成時淚已滋
기도유호환부척　幾度濡毫還復擲
집중응결해남시　集中應缺海南詩

1639년 9월25일 어머니 생신날에 서포선생이 남해에서 짓다

김만중金萬重선생은광산인으로서자는중숙重叔호는서포西浦요시호는문효文孝이니시조는흥광興光이요증조는예학의비조장생長生이며조부는이조참판반槃이요아버지는정축호란때경기강화에서순절한충정공忠正公익겸益兼이라어머니는해평윤씨海平尹氏이니해숭위신지新之의손녀이고이조참판지墀의딸로서여성사에빛나는현부인이다이러한명문거족의후손인서포선생은인조15년(1637)호란때유복자로태어나어머니의엄격한교육을받아효심과충성이지극하였다선생은조선조중기에남인과서인노론과소론사이의치열한당쟁속에서도한결같은정의감으로임금께충직한상소를올리어여러차례귀양살이를하였다벼슬은동부승지에이어서예조판서와공조판서대사헌홍문관대제학예문관대제학지경연사오위도총부도총관등을두루지내었다선생은평생문인학자로서문집및서포만필西浦漫筆과소설로구운몽九雲夢과남정기南征記등을짓고남해에서병사하니숙종18년(1692)이었다선생의학문은유교와불교와도교를자유롭게아우르고수학과음악과천문지리등모든분야에조예가깊어마침내문학과소설에까지두루미쳤다선생은가학에기반을두고주자학을올바른관점에서받아들였고한문학권역에묶여있던환경에서한국어와중국어등외국어의특징을파악하여써한국사람은한국어로시와문장을지어야한다는국민문학론을내세워몸소한글소설을지은국학의선구자였다구운몽은어머니의외로움을달래드리기위한효심에서이루어졌고남정기는숙종의기사환국의처사를은유풍자한것이다특히구운몽은몽환구조의소설작품으로한국과일본과인도등동아시아문화를휘갑하는국제적걸작으로선생의이름을길이빛낼것이다이에전국의선비들이정성을모아문학비를세워선생의선비정신과문학적공적을기리고후학들에게산거울이되고자한다

2000년 11월 일

고려대학교 명예교수 문학박사 정규복 삼가 짓고

계명대학교 교수 서예가 김양동 삼가 쓰다

협찬회원들

강재철 단국대교수
강전섭 충남대교수
경일남 충남대교수
구수영 충남대교수
구인환 서울대교수
김경식 서울수필가
김광순 경북대교수
김균태 한남대교수
김기봉 서강대교수
김대행 서울대교수
김동기 건양대교수
김병국 서울대교수
김서중 성공대교수
김선기 충남대교수
김선희 한남대교수
김성기 조선대교수
김신연 한양여대교수
김영진 성서원사장
김인구 한림대교수
김일근 건국대교수
김일렬 경북대교수
김주곤 경산대교수
김주한 영남대교수
김준영 전북대교수
김지용 단국대교수
김진영 경희대교수
김진영 충남대교수
김태준 동국대교수

김현룡 건국대교수
김효식 여행사전무
남상득 충남대박사
노태조 보건대교수
두창구 관동대교수
맹인재 문화재위원
민영대 한남대교수
민 찬 대전대교수
박길남 한남대교수
박노준 한양대교수
박요순 한남대교수
박용식 건국대교수
박우훈 충남대교수
박을수 순천향대교수
박종수 용인대교수
박종익 충남대교수
박준규 전남대교수
박지연 서울수필가
박태상 한국방송대교수
방극순 우충당회장
배영희 퇴계민속원
변시연 고문연구회장
사재동 충남대교수
설성경 연세대교수
소재영 숭실대교수
손찬식 충남대교수
손팔주 신라대교수

송문호 자영업사장
송백헌 충남대교수
신철우 청주대교수
심동복 익산대교수
안동주 호남대교수
엄규백 양정고교장
오민필 우산고교장
오승영 제일모직사
우부식 충남대박사
우쾌제 인천대교수
유병환 공주대교수
유예근 충남대교수
윤병로 성균관대교수
윤영옥 영남대교수
윤주홍 서울수필가
윤형두 범우사사장
이관일 총신대교수
이금희 상지대교수
이내종 경산대교수
이대우 광주수필가
이명재 중앙대교수
이상보 국민대교수
이석호 연세대교수
이성림 명지전문대교수
이성주 관동대교수
이수봉 충북대교수
이신성 부산교대교수

이원기 백선문화사사장
이현수 조선대교수
임기중 동국대교수
임동권 중앙대교수
장광덕 철산여고교장
정규복 고려대교수
정기철 한남대교수
정덕기 충남대교수
정병헌 숙명여대교수
정은임 강남대교수
정재호 고려대교수
정호완 대구대교수
조규익 숭실대교수
조동일 서울대교수
조종업 충남대교수
조춘호 경산대교수
차용주 서원대교수
최운식 한국교원대교수
최경한 서울여대교수
최준하 충남대교수
최태호 목원대교수
호병규 서울수필가
홍계신 서울수필가
홍순석 강남대교수
홍승오 서울대교수
황인덕 충남대교수
황패강 단국대교수

서포기념사업추진위원회 학계대표 사재동 협찬
광산김씨종친회서포문효공파대표 김명중 후원
한국문학비건립동호회 회장 이상보 세움

일반유지

김성구 대전시의원　남상선 의령남씨종문
윤재로 해평윤씨종문　조병호 평양조씨종문
홍순번 남양홍씨종문　이규선 전주이씨종문

후손들

문원공파종중 허주공파종중 창주공파종중
충정공파종중 문효공파종중 남원공 후손

용범 창주공 후손 윤중 교중 세중 향중
선방 충정공 후손 일수 용하 용우 용진
용찬 용하 달중 인중 현중 선명 선문
충헌공후손 근중 도헌공후손 용범 용관
두계공후손 영오 용승 문효공후손 용길
용준 갑중 명중 연중 영중 명중 선효
선광 선교 선규 선량 선림 선수 선기
선완 선일 선정 선택 선학 선화 선만
주순 철순 동옥 문정공후손 영훈
양감공후손 용원

유성구 전민동 허주촌(虛舟村) 선비마을엔 대전광역시 문화재자료 제7호인 김반 과 김익겸의 묘가 왕릉처럼 유별나게 드러난다. 허주 김반은 예학의 비조 사계선생의 아들이며 인조 때 문신으로 대사헌·이조참판을 지냈고 죽은 후 영의정에 추증되었다. 그의 아들 김익겸은 병자호란 중 강화도가 함락 될 때 화약에 불을 질러 순절한 충신이며 죽은 후 역시 영의정에 추증되었다. 서포 김만중(西浦 金萬重:1637-1692)은 호란의 와중에 피란 가던 배 위에서 익겸의 유복자로 태어났다. 그는 정시문과에 장원으로 급제하고 경기 암행어사를 거쳐 동부승지, 예조참의, 공조판서, 홍문관대제학을 역임하였고 한문소설을 비판하며 참된 우리문학을 주장하는 국제적 걸작의 국문소설『구운몽』과『사씨남정기』를 남겼고, 그 외에도『서포만필』『서포집』『고시선』등 문학적 공적이 크고 높다.

전국의 학자·문인들이 모여 서포기념사업추진위원회를 구성하고 2000년 11월, 이곳 선영(先塋) 주변에 서포김만중선생문학비를 세웠다.

문학비에 새긴 시는 (당시의 정치적 상황 때문에) 남해의 녹도로 방축되어 처음 맞이하는 모친의 생신일에 쓴 것으로 알려져 있다. 어머님을 그리는 절절한 마음과, 서러움 때문에 제대로 시를 짓지 못하는 안타까운 심경을 절절하게 토로하고 있는 작품이다.

정규복 교수가 짓고 서예가 김양동 교수가 쓴 서포 김만중 선생 문학비 후면 음기는 편집상 어려움이 있어 활자로 대신하였고 사재동 교수가 편찬한『西浦文學의 새로운 探究』(2000. 중앙인문사)에 소개된 것을 근거로 했다.

3. 호연재김씨시비

대전광역시 대덕구 송촌동 192 동춘당공원

浩然齋金氏詩碑

夜 吟

月沈千嶂靜	달빛 잠기어 온 산이 고요한데
川影數星澄	샘에 비낀 별빛 밝은 밤
竹葉風煙拂	안개바람 댓잎에 스치고
梅花雨露凝	비 이슬 매화에 엉긴다
生涯三尺劍	삶이란 석자의 시린 칼인데
心事一懸燈	마음은 한 점 등불이어라
惆悵年光暮	서러워라 한 해는 또 저물거늘
衰毛歲又增	흰머리에 나이만 더하는구나

浩然堂遺稿에서 李淑姬 譯 鄭台喜 書

浩然齋金氏 (1681~1722)

댓잎에 안개처럼 매화에 이슬처럼 가녀린 閨房女人의
숨결이 담긴 문학은 時空을 넘어 오늘도 숨쉬고 있다
그는 安東 金盛達의 딸이며 小大軒 恩津 宋堯和의
夫人인 浩然齋 金氏이시다 그의 행실은 규범이 될
만하고 사상은 넓고 깊었으며 詩世界는 沖淡典雅
하면서도 호방하였으니 이 碑에 새겨 그를 기린다

2002년 9월 일

吳熙重 대덕구청장이 발의하고 浩然齋 선양위원인
宋成憲, 柳海相, 金均泰, 韓基範, 鄭台喜
李淑姬, 金大洙, 文姬順이 뜻을 모으다

호연재 김씨는 충남 홍성에서 태어나 그곳에서 유년시절을 보내고 19세 때 은진 송씨 문중으로 출가하였다. 출가한 이래 지금의 대전광역시 대덕구 송촌동에 있는 옛집에 살면서 남편인 소대헌 송요화(1682-1764)와의 사이에 1남 1녀를 두었고 42세라는 길지 않은 생애를 살다 갔다. 그녀가 남긴 시 작품은 총 194편으로 후손들에 의해 정리 보관되어 전해져 내려오고 있으며, 2000년 대덕문화원의 향토사료조사사업을 통하여 집대성한 『호연재 김씨의 시와 삶』(대전대 민찬 교수 집필)을 발간함으로서, 이는 여류시인으로서의 호연재 김씨의 위상과 조선후기 한시문학을 이해하는데 크게 기여 하고 있다.

호연재 김씨는 인조 때의 문신이며 우의정을 지낸 선원 김상용(仙源 · 金尙容)의 증손녀이며 시가에선 동춘당 송준길(同春堂 · 宋俊吉)의 증손자며느리로서 당대의 대표적인 사대부 가문을 배경으로 하여 살았던 인물이며 한문을 자유롭게 구사하는 지적 능력이 기본 바탕이 되어 대표적인 여성 한시작가의 반열에 당당히 올라설 수 있는 시인으로 평가받고 있다.

이러한 호연재 김씨 시비는 대덕구청장이 발의하고 선양위원들이 뜻을 모아 2002년 9월 동춘당공원에 건립하였다.

시비에 새긴 야음(夜吟 : 밤에 읊노라)은 달빛 잠긴 고요한 밤에 느끼는 자연의 순리와 조화, 그리고 삶을 돌아보는 심회를 그리고 있다. 칼같이 차갑고 날카로운 감정으로 와 닿는 생활의 심정과 그 생활을 이끄는 등불로서의 새로운 각성을 바탕으로 하여 해가 가는 서러움을 잔잔하게 교직해놓고 있는 것이다. 호연재 김씨의 젊은 시절의 분위기에 성숙하게 어울려드는 시심을 읽을 수 있을 것이다.

4. 만해한용운시비

대전광역시 중구 보문산 사정공원

꿈이라면

만해 한용운

사랑의 속박이 꿈이라면
출세의 해탈도 꿈입니다
웃음과 눈물이 꿈이라면
무심(無心)의 광명도 꿈입니다
일체만법(一切萬法)이 꿈이라면
사랑의 꿈에서 불멸을 얻겠습니다.

一八七九年 忠南 洪城郡 結城面 城谷里에서 誕生하신 萬海 韓龍雲 先生은 잃어버린 祖國을 찾기 爲하여 三一運動을 先導하시고 平生을 祖國獨立에 獻身하신 民族의 太陽이시며 韓日佛敎同盟 條約을 粉碎하고 『佛敎維新論』 『惟心』誌를 發刊하여 韓國佛敎를 危機에서 救하고 그 方向을 바로 잡아 준 佛敎界의 巨星인 同時에 『님의 沈默』 등 珠玉같은 詩와 小說을 創作하여 民族의 가슴속에 아름다운 情緖와 正義로운 마음을 심어준 文學界의 燈臺이시었다. 이에 우리 寶文로타리 會員들은 先生의 거룩한 精神을 기리고 그 높은 뜻을 오늘에 되살리고자 이 곳 寶文山 山城公園에 간절한 情誠들을 모두어 이 詩碑를 세운다.

一九九〇年 十月九日

寶文로타리 會員一同

건립일 1990. 10. 9.

글씨 남계 조종국

건립자 대전보문로타리클럽 회원일동

만해 한용운(萬海 韓龍雲 : 1879~1944) 선생은 충남 홍성 출신으로 일가를 이룬 시인이며 승려이며 또한 독립운동가로 널리 알려져 있다.

어려서부터 서당에서 한학을 수학하고 불경을 공부하는 한편, 근대적 교양서적을 읽어 서양사상을 접합했다. 1905년 강원도 백담사에서 승려가 되고 불교와 동양철학을 연구하였으며 친일불교흉계 분쇄, '조선불교유신론' 발표, 『불교대전』 편찬, 불교잡지 《유심(唯心)》 발간 등 한국불교의 혁신을 도모한 불가의 큰 별이 되었다.

그는 또한 항일투사로서 3·1운동 당시 독립선언서의 '공약3장'을 기초한 민족대표 33인 중의 한 사람이며, 그로 인해 서대문 형무소에서 3년간 옥고를 치르기도 했다. 1926년 마침내 한국현대시사에 기념비적인 시집 『님의 침묵』을 간행하여 문단에 큰 파문을 일으켰고 후일에도 〈흑풍〉, 〈후회〉, 〈박명〉 등의 장편소설과 주옥같은 시를 남겼다. 1973년 전 6권의 『한용운전집』이 간행되었고, 그동안 수백편의 연구논문이 발표되었으며 현재도 만해에 대한 새로운 인식과 재평가가 지속적으로 이루어지고 있다.

1990년 10월 대전보문로타리클럽에서 한용운 선생의 거룩한 정신을 기리고 그 높은 뜻을 오늘에 되살리고자 대전광역시 중구 보문산 사정공원에 시비를 세웠다. 시비 글씨는 남계 조종국이 썼다. 시비에 새겨진 「꿈이라면」은 해탈과 무심의 세계를 갈구하는 불교정신이 흠뻑 젖어 있으며 마음이 곧 부처요 부처가 곧 마음임을 다시 일깨우고 있다. 이 시에는 예술지상주의보다 사상을 표현하는 예술적 사리(舍利)로 시인의 슬기와 식견이 아련히 담겨 있다. 그 슬기와 식견이 꿈일진대, 꿈에는 희망과 소원이 있고, 이상과 그리움이 있고, 님과 사랑이 있으며 그래서 속박과 번뇌에서 벗어나는 영광과 신선함의 세계가 있다. 사바세계로 나와서 만나는 님(부처)과 님에 대한 사랑의 꿈에서 불멸을 얻으려는 시심(불심)이 곧 광명의 세계가 될 것이다.

5. 창애김순동(蒼厓金舜東)시비

대전광역시 유성구 대학로 99 충남대학교 인문관

重 講 國 學 대학에서 다시 강의하다
중 강 국 학 蒼厓 金舜東 作

黌堂依舊碧山顚(횡당의구벽산전) 푸른 산기슭 배움터 옛모습 그냥인데
濟濟英才數以千(제제영재수이천) 모인 영재들 천명을 헤아리네
回億往年渾似夢(회억왕년혼사몽) 지난 세월 회상하니 모두가 꿈 같은데
那期今日又斯筵(나기금일우사연) 오늘 이 자리를 어찌 기대하였겠나

창애 김순동(일팔구팔-일구칠이) 선생께서는 우리대학교 창립에 참여하시어 천구백육십년까지 문리과대학 국어국문학과 교수로 봉직하시면서 많은 후학을 길러내셨다. 선생은 덕망있는 한학자로서 학장을 맡아 대학발전에 진력하셨을 뿐만 아니라 굴지의 서예가로서 지역문화창달에 이바지 하셨다. 정년퇴직후에는 상경하시어 성균관 관장으로서 유학의 부흥에 헌신하셨다. 저서로 창애유고와 한국고사대전을 남기셨다.

이천십년 오월십오일

문인 조종업 짓고 문인 이곤순 쓰고 인문대학장 박찬인 세우다

창애 김순동(1898-1972) 선생은 충남 공주 출신으로 서울에서 생활하였으며 덕망있는 한학자, 굴지의 서예가로 이름이 높다. 광복후 위당 정인보(1893-1952) 선생이 국학대학을 창설하고 창애선생을 교수로 모셨는데 수년만에 6·25사변이 일어 가족을 거느리고 대전에 피난을 오게 되었다. 대전에서 처음으로 전시연합대학에 참여하였다가 민태식(1903-1981) 선생과 만나 충청남도와 합의하여 충남대학교를 창설하는데 절대적인 역량을 발휘하였다. 1960년까지 충남대 문리대 교수로 봉직했고(당시 교원정년 60세 단축), 학장을 맡아서는 대학발전을 위해 진력했다. 퇴직후에는 성균관 관장을 역임했고 성균관 대학의 유학과(후에 유학대학) 신설을 통한 유학부흥에 헌신하였다. 선생의 시는 제자들이 편집간행한 『창애유고』에 30여편 수록되어 있다.

선생의 시비는 2010년 스승의 날인 5월 15일에 충남대인문대 교정에 세웠고 선생의 유지를 받들어 장손 김태년 교수(인하대)가 충남대에 1억 5천만원의 장학금을 기부하였다.

6. 소월시비(素月詩碑)

소월시비
대전광역시 서구 도마동·배재대학교 교정

배재가 낳은
불멸의 민족
시인 소월을
기리어 배재
대학교 제五
회 졸업생 일
동이 이 시
비를 세우고
송암 정태희
가 글씨를 쓰
다

一九八九年
二月 日

山有花
소월 김정식
山에는 꽃 피네
꽃이 피네
갈 봄 여름 없이
꽃이 피네
山에
山에
피는 꽃은
저만치 혼자서 피어 있네
山에서 우는 작은 새여
꽃이 좋아
山에서
사노라네
山에는 꽃 지네
꽃이 지네
갈 봄 여름 없이
꽃이 지네

素月詩碑와 素月閣

10년 만에 다시 세운 또 하나의 소월시비

제15회 졸업생 일동

山有花

山에는 꽃이 피네
꽃이 피네
갈 봄 여름 없이
꽃이 피네

山에
山에
피는 꽃은
저만치 혼자서 피어있네

山에서 우는 작은 새여
꽃이 좋아
山에서
사노라네

山에는 꽃 지네
꽃이 지네
갈 봄 여름 없이
꽃이 지네

培材人 素月 김정식

소월(素月:1902-1934)은 본명이 김정식(金廷湜)이며 평북 구성군 출신이다. 사립 남산학교(1909-15)와 오산학교 중학부(1915-19)를 거쳐 서울 배재고보(1922-23)에 편입하여 졸업했다. 이어서 일본 도오쿄오 상대에 입학했으나 칸토오 대지진의 재앙으로 인해 중퇴하고 귀국했다(1923). 그의 시적 재능은 이미 오산학교 시절부터 인정을 받았고, 당시 스승이던 김억(金億)의 지도와 영향하에 꽃을 피웠다.

그의 유일본 시집 『진달래꽃』은 1925년에 간행되었고 사후에 김억이 엮은 『소월시초』(1939), 김영삼이 지은 『소월정전』(1961), 소월시집의 결정판으로 평가받는 하동호, 백순재 공편의 『못 잊을 그 사람』 등이 간행되었으며, 한국일보사에서는 서울 남산에 「소월시비」를 세웠다(1968). 그 후 각각 다른 이름의 소월시집이 수십종 발행되었다. 국민시인으로 불리는 배재인, 소월 김정식을 추모하며 배재대학교 제15회 졸업생 일동이 자신들의 교정에 「소월시비」를 세웠고 시비 옆 조그만 동산에 소월각(素月閣)이 운치를 더해주고 있다.

시비에 새긴 〈山有花〉는 1924년 영대(靈臺)에 발표한 작품으로 〈진달래꽃〉(1922 · 개벽)과 더불어 불후의 명작으로 평가 받는다. 자연의 관조, 자연에 대한 향수, 자연과 인간의 거리, 나와 자연과의 단절, 또는 나와 세계와의 단절 등 주제개념이 일반적이지만 자연속에 숨겨져 있는 시인의 마음을 읽을 수 있을 것이다. 그것은 인간의 고뇌이다. 특히 2연에서 '저만치'라는 방관적 거리에서 느끼는 '혼자서'의 개념은 단독적 단수적인 것이 아니라 나와 무관하게, 나의 관심과 상관없이 존재함을 의미한다. 그 단절은 임의 부재 또는 임의 상실에서 오는 것, 다시 말해서 일제 강점기 조국상실의 역사적 현실과 무관하지 않을 것이다. 자연은 배경이요 자극물에 불과한 것이다.

7. 정훈시비(丁薰詩碑)

대전광역시 동구 하소동 만인산 휴양림

머들령

정 훈

요강원을 지나
머들령
옛날 이 길로 원님이 내리고
등짐장사 쉬어 넘고
도적이 목 지키던 곳
분홍 두루막에 남빛 돌띠 두르고
할아버지와 이 재를 넘었다
뻐꾸기 자꾸 울던 날
감장 개명화에
발이 부르트고
파랑 갑사댕기
손에 감고 울었더니
흘러간 서른 해
유월 하늘에 슬픔이 어린다

건립문

素汀정훈은1911년3월16일대전직할시중구은행동에서태어나대전삼성보통학교와휘문고보를졸업하고일본메이지대에서수학하였다휘문고보학창시절부터시작에몰입했던그는1935년가톨릭청년지에시월하늘을발표한이후머들령밀고끌고등주옥같은작품을발표하였으며시집으로머들령파적피맺힌연륜등다수를남겼다그는민족수난기에한국고유의전통적정서를바탕으로하여민족혼을일깨우는정과한의시세계에삶의고뇌와역사의아픔을우리가락에담아일생을고매하고정아하게노래하였다이고장의선구적시인으로고고하게살다가1992년8월2일82세를일기로생을마치매충남금산군복수면신대리신세기공원에잠들었다이제그의시혼을추모하고문학정신을후세에길이전하고자문인들이정성을모으고염홍철대전직할시장과오응준대전대학교총장의도움으로머들령의혼이서린여기에시한편을빗돌에새겨세우다

1994년 10월 9일

정훈시비건립추진위원회위원장 김용재

한국문인협회대전직할시지회장 박명용

글 · 최송석 / 글씨 · 남계 조종국

소정 · 정훈(素汀 · 丁薰 1911-1992)은 선비의 기질을 닮고 겨레시의 이상을 추구하며, 외롭게 일세의 시혼을 불태워 온 우리나라 대표적 시인 중의 한 사람이다. 시인은 충남 연산에서 출생하여 81세를 일기로 한 일생의 삶의 터전을 대전에서 이루었고 한때 호서중학과 호서민중대학을 설립하여 교장과 학장을 역임하면서 교육자로서의 웅지를 불태웠다. 6·25전쟁 이후로는 폐허의 뜨락을 지키며 한의사로서의 꿈을 키웠고 진료업무에 심혈을 기울이면서 평생을 그렇게 외롭고 고달픈 시 작업에 묵묵히 정신적인 불을 당겼다.

시집으로 『머들령』 『파적』 『피맺힌 연륜』 『산조』 『정훈시선』 『거목』 등이 있고 시조집으로는 『벽오동』 『꽃시첩』 등이 있으며 사후에 다시 시선집 『머들령』과 『정훈시전집』 등이 나왔다.

소박하면서도 엄숙한 생활의지, 자연사랑, 추억과 애국적 정서 등이 작품의 주류를 이루고 있으며 오랫동안 국정교과서에 〈春日〉 〈밀고 끌고〉 〈동백〉 등의 작품이 수록되어 우리나라 학생들의 국어교육 및 정서순화에 크게 영향을 끼쳤다.

시비에 새겨진 작품은 시인이 어릴 적에 할아버지와 함께 실존하는 머들령, 그 험한 고개를 넘던 추억을 펼치며 긴 세월이 흐른 후에도 조국 하늘에 아직 어리어 있는 슬픔을 새긴 것이다. 나라 앗긴 설움이라고 할까, 그런 유추가 가능할 것이다.

분홍 두루마기, 남빛 돌띠, 검정 개명화(일명 편리화), 파랑 갑사댕기 등 사라져 버린 민족의 생활 유산을 떠올리며, 그리고 대전의 삼괴동과 금산군 추부면 서북쪽의 요광원을 잇는 오늘의 고속화된 머들령 터널을 통과하며 원님과 등짐장사와 도둑의 옛날을 생각해 본다면 〈머들령〉시비의 문화적 의미를 새롭게 가늠할 수 있을 것이다.

건립문에 출생지가 대전으로 표기된 것은 『세계문예대백과사전』을 따른 것으로 파악된다.

8. 장암지헌영선생학덕추모비
(藏菴池憲英先生學德追慕碑)

대전광역시 중구 사정동 보문산 사정공원

아! 大田아

池憲英

아! 나의 大田아
자랑혼 公州 한밭 山水
劫劫으로 헤아릴 허스로이 옛날에
스사로이 있었던 한밭아!

새벽녘 하늘에 샛별이 돋고
이슥고 먼동이 트면,
墨色 食藏이 후억진 머리 들어
玉溪 中溪에 고요가 겹쳤으리

먼 鍾소리 은은히 흐른 벌판으로
砲소리 사이로 生存이 헐어져 있어도
촉촉이 꽃잎엔 이슬이
가지 가지의 가만한 입김에
가슴마다에, 고마운 안들에
님의 뜻이 그대로 감싸야 있다

風塵의 年月에 炳들어 누웠던 젊음아,
어느 늦은 봄 고단히 늦잠을 깨친 날
우러렀던 어젓한 寶文山,
그대 서 있고 나 남아 있어
올올이 맺힌 恨이 三世에 닿았거니

날마다 새 아침마다 窓을 열면
國師 望德 琵琶 머들의 숲에
둥두렷이 걸린 太陽 西臺야
해마다 꽃소식을 불러 오고
제비 뻐꾸기 丹鶴이 날아들고
大洋의 東南風을 휘몰아 온
아! 한밭의 南窓은 이내의 끝없는 窓이었거라(中略)

아! 나의 大田아.
不屈한 食藏의 姿勢, 笏안은 寶文의 情誼
淡青色 錦屏山
國師 望德이 주춤, 甲華 牛山의 飛翔
靈氣는 鷄龍을 돌아, 大屯 西臺에
마주 보아 안아드리어 다사한 나날이여!

中溪 버드내 살내의 물은 劫劫으로
닦어, 흘러 나려…… 하얀 달이 지면
새날이사 솟아오리

아 나의 사랑 大田아!
스스로이 아릿다이 있을.

藏菴池憲英先生學德追慕碑文

嗚呼라. 自古로 士君子가 때를 만나는 것은 時代의 盛衰와 有關한 것이다. 特히 國亡 以後로 많은 志士들이 뜻을 잃고 學者는 學文道德을 배우고 傳할 곳을 얻지 못하였다. 이곳 한밭의 碩學이신 藏菴 池憲英先生께서도 前半生은 倭政時代이므로 不遇함이 當然하였고, 光復後에는 時局이 混亂하여 先生의 剛直한 性稟이 容納되지 못하므로 職場에 不遇하여 많은 抱負를 傳할 機會가 없이 後半生을 마치시니 어찌 哀惜하지 아니한가. 그러나 先生께는 可視的인 業績보다 남모르는 學德이 많으시어 大衆에게는 認識되지 않으면서도 學問世界에서는 높이 尊敬을 받고 계시는 處地이시다. 이제 그 學術碑를 세움에 있어서 拙文이 어찌 敢히 當하리오마는 往年 先生의 回甲에 記念論叢을 刊行하면서 先生의 略傳을 撰한 것이 契機가 되어 여러 同門과 따님이 굳이 懇請하기에 辭讓치 못해서 다시 略傳을 살피어 述하는 바이다. 先生은 忠州池氏로 諱는 憲英 字는 樂賢 號는 藏菴이시다. 始祖 平章事 宗海 以後로 麗末에 忠原府院君 湧奇는 忠義로 歷史에 보이고 七代祖 光翰 號雪嶽은 宋雲坪의 從遊人으로 學問이 높아 遺著에 池氏鴻史 二十八卷·格物內外篇·四布論·經濟八策·文集 十三卷이 傳한다. 그러나 當時에 黨爭이 甚하여 出世를 抛棄하여 經綸을 펴지 못하였는데 特히 先生은 雪嶽公의 影響이 많으셨다. 아버지 永植은 號雪雲이시고 어머니는 金海金氏이신데 辛亥年 二月 初八日에 先生이 長男으로 태어나셨다. 先生은 天稟이 特出하시어 妙年으로부터 家學이 적지 않으시고 漢學을 私淑하여 나이 十五에 普通學校 五年을 修了한 채 大田中學에 直進하고 中學校를 卒業할 무렵 文學全集과 많은 名著를 閱讀하여 學問藝術이 純熟하여 他人에 이미 미칠 바가 아니었다. 庚午年 四月에 延禧專門學校에 進學하여 祖國光復의 急함을 깨달아 學生抗日運動에 加擔하여 活躍하던 중 이듬해 二月에 드디어 被逮投獄되었다. 數個月 後에 비록 放免되었으나 學問하는 方法이 반드시 知識만이 아니고 또한 倭政下에서 공부할 意慾을 잃어 드디어 自退하였다. 그 後로는 日本 警察이 끊임없이 뒤를 따랐고 倭政末에는 또 拘禁이 始作되어 先生께서 免키 어려움을 깨달으시고 몸을 숨겨 放浪하여 光復後에 나타나셨다. 이 무렵 十餘年間은 生業을 일삼지 아니하고 東西南北으로 國內 名勝地와 碩學들을 찾아다니시어 先生의 學問造詣는 모두 이때에 이루어졌다. 先生의 나이 三十五歲에 光復되면서 大田中學校 敎諭로 就任하여 敎育에 心血을 기울인 結果 當時 大田中高等學校가 全國에 優秀하였던 것은 실로 先生의 勞苦에 힘입은 것이었다. 이제 先生이 撰한 校歌에서 그 敎育精神과 理念을 가히 볼 수 있다. 庚寅亂 以後에 忠南大學校가 創立되면서 先生께서 國文學科敎授로 就任하시고 圖書館長까지 兼任하였다. 唐時總長 閔泰植先生의 禮遇가 다른 사람에게 比할 바가 아니었고 斯學에 期待되는 것이 莫重하였으나, 다만 剛直하시고 義理를 지킴으로 해서 時局의 거스림을 받아 五年만에 나이 四十七歲의 壯年期에 드디어 辭退하시고 말았다. 丁酉年 十二月에 道文化賞의 第一回 學術部門受賞者로 被選되시고 그 後 中都日報와 大田日報의 論說委員을 歷任하시고 辛丑年에는 大田日報社長을 맡으시며 或은 忠南道誌 및 大田市誌 編纂委員으로 계셨으며 道文化財管理委員을 歷任하셨다. 그러나 이런 것은 모두 先生의 閒暇로운 나머지 얻는 것이요 그 重要한 業績은 實로 學問에 있었던 것이다. 그러므로 硏究論文이 許多하여 國語國文學會·한글학회·韓國言語文學會·韓國語文學會·語文硏究會 등 여러 學會를 網羅하지 않음이 없었고 또한 語文硏究會長과 韓國言語文學會長을 歷任하셨다. 語文硏究會에 이르러서는 그 門人들이 이룬 것이면서도 心血을 기울여 育成하셔서 지금은 國內外的으로 遜色이 없는 業績을 이루기까지 하셨다. 庚申年 一月 一日에 享年 七十一歲로 卒하시니 墓는 公州郡 反浦面 松谷里 南麓午坐에 모셨다. 이제 先生의 行績을 大略 살피건데 모두가 義理와 學問의 領域에서 벗어나지 아니하였고 그 學問의 業績은 또한 義理의 範疇內에 있었다. 于先 學問의 業績을 보면 語學·文學·史學·哲學에 이르기까지 涉獵하지 않음이 없으시고 그 主要 論著는 朝鮮地名의 特性, 風水說, 次盻伊遣考, 短歌 定型의 形成, 井邑詞 硏究, 阿冬音考, 熊嶺 就利山會盟의 築壇位置考, 善陵考, 三代目硏究序說, 鄕歌麗謠新釋과 같은 것인데 그중에서 鄕歌硏究에 대한 功이 가장 많으시어 小倉進平과 梁柱東氏의 功을 凌駕하는 바가 많으셨다. 아마도 鄕歌의 硏究는 先生에 이르러 더욱 精密해졌고 앞으로 鄕歌의 解釋은 先生의 方法을 벗어나고서는 이룰 수가 없을 만큼 되었다. 또 史學에 있어서도 一家見이 있으시어 우리나라 碩學이신 斗溪 李丙燾博士께서도 先生을 두려워하셨으니 그 程度를 斟酌할 만하고 特히 韓國地名學은 오로지 先生으로 말미암아 始作되었다고 할 수 있다. 哲學方面은 여러 論文에서 發表되었는데 儒佛仙과 數理哲學에 獨特한 卓見을 가지셨다. 그러므로 先生의 學問은 文史哲을 兼하였다고 말할 수가 있을 것이다. 한편 先生의 義理는 이미 雪嶽公으로부터 傳承된 바가 있거니와 先生께서도 倭政治下를 당하여 弱冠의 나이에 義理에 奮發하여 倭人으로 하여금 韓民族의 精神이 있음을 알게 하고 倭人의 非人道的인 處事에 대하여 끝내 屈하지 않으시니 義理의 識見이 없고서 可能하겠는가. 暫時의 學校生活에 있어서도 秋毫의 私를 容納치 아니해서 同僚와 學生들로 하여금 畏敬하지 않는 이가 없었다. 만일 先生께서 時局과 妥協했더라면 講壇에서 물러날 理由가 없었으니, 이 또한 義理에서 나온 것이요 實踐의 바름이라 할 것이다. 그리고 先生은 鄕土를 지키는 것이 곧 나라를 지키는 일로 생각하시어 大田을 사랑하여 아 大田아 란 長篇의 詩를 지으시고 平生토록 大田을 지키셨으니 先生의 愛鄕心은 곧 愛國心으로 通한 것이었다. 그러나 先生은 剛直한 義理를 좋아하시면서도 또 한편으로는 渾厚하신 바가 있으시니 잘못한 자라도 改過하게 되면 前非를 생각지 않으시고, 學生들이 미쳐 登錄하지 못하는 경우가 있으면 위하여 代納 保證하는 등 베푸시는 일이 많았다. 그런즉 先生은 恩惠와 義理를 兼한 분이라고 말할 수 있겠다. 夫人 寶成吳氏는 婦德을 갖추어 나이 열여덟에 先生께 오셔서 家業을 지키며 때로 或 어려운 일이 있으면서도 일찍이 表現하지 않으시니 內助

하신 功이 또한 적지 아니하다. 따님 하나를 두시니 이름은 尙卿이요 忠南大學校를 卒業하고 同校 琴宣教授에게 出嫁하여 二男二女를 낳으니 아들은 文崙, 文晳이요 딸은 知眞, 知雅이다. 아우는 憲勉, 憲達, 憲垞, 憲杓, 憲良이며 여러 조카들은 이루 다 記錄하지 못한다. 이제 先生의 平生歷程을 살피건데 才稟과 深奧한 學問을 지니시면서도 時局을 만나지 못해서 그 재주와 學問을 펴볼 機會가 없으셨다. 先生은 可謂 義理面에서 志士요 學問面에서 學者이시다. 그럼에도 不拘하고 그 뜻을 펴지 못하였으니 이 어찌 痛歎치 않겠는가. 그러나 先生께서 義理를 한때 펴지는 못하였으나 後人들이 그 義理를 따라 追慕할 줄을 알고 있으며, 긴 歲月에 걸쳐 많은 學生들을 가르칠 機會는 없었으나 先生이 退任하신 後로도 뜻 있는 學者들이 繼續 追從하여 그 精神에 따라서 이 고장 大田의 學派를 形成하여 다른 地方에서 羨慕하기에 이르렀으니 이 또한 多幸한 일이 아닐 수 없다. 그러고 보면 先生의 情神과 學問은 비록 生前에는 不遇하였으나 돌아가신 오늘날에 있어서는 아니 먼 훗날까지도 先生의 學德이 길이 빛날 것이니, 이는 하나님의 恩惠가 泉壤에까지 미치고 生前의 不遇를 永遠한 死後의 榮光으로 돌리신 것이니 이보다 더 多幸함이 또 어디 있겠는가. 이것으로 先生의 學德을 略述하면서 後日 諸賢에게 龜鑑이 되기를 바라는 바이다.

檀紀四千三百二十五年 壬申二月 日

忠南大學校教授 文學博士 漢陽後人 門人 趙 鍾 業 삼가 지음

本文 圓光大學校教授 晋州後人 鄭 台 喜 삼가 씀

前文 國際書法藝術聯合韓國本部理事 洪州後人 李 坤 淳 삼가 씀

藏菴池憲英先生學德追慕碑建立記

藏菴池憲英先生께서七十平生學術文學에큰功績을세우시고精神文化界를이끌어오시다가他界하신지어언十년이넘었다先生께서는가셨지만남기신業績과끼치신薰陶는오늘에와서더욱빛나고있으니우리의감회가날로새롭고그感恩이더욱깊어진다先生께서는先覺的인學者로古典文學을비롯하여地名學古代國語古代史宗敎哲學등에획기적인業績을내시고大田高等學校와忠南大學校에서後學養成에온갖心血을기울여이고장에새로운學統을세우셨으며나아가文學界를일깨우려고文學活動에도직접同參하시어훌륭한作品을남기셨다先生께서는이고장을온몸과마음으로사랑하신터주대감으로서淸貧하고대쪽같은선비생활을통하여精神文化界를啓導暢達하셨다先生께서는일찍이이고장을지키겠노라愛國運動을벌이다가獄苦를치루셨고한때는大田日報등言論界에서社長과論說委員으로어지러웠던政治經濟社會등諸般問題를바로잡으려獻身하셨고그어두웠던시대에는民主化의길을밝히려앞장서기도하셨다그리하여先生께서는우리學術文學界의巨木이며精神文化界의스승으로서날이갈수록더욱우러러뵈고우리앞에燦然히빛나시는터이다이에우리는先生의學德과恩惠를기리고그정신을받들기위하여十周忌記念事業의一環으로그學德追慕碑를여기에세움으로써길이後世의龜鑑으로삼으려한다

西紀千九百九十四年甲戌十二月 日

藏菴池憲英先生學德追慕碑建立推進委員會

委員長 南 鎔 浩

總 務 史 在 東

李 坤 淳 謹書

推進顧問

姜容植 姜昌熙 郭泳達 丘仁煥 金奎泰 金斗衡 金範明 金保成 金石種 金始中
金熱圭 金永大 金完鎭 金元雄 金一根 金正雨 羅雄培 南廣祐 南在斗 朴景源
朴炳培 朴善圭 朴英圭 朴元錫 朴種民 朴俊炳 朴重培 白承鐸 徐春源 蘇在英
宋　梓 宋千永 申弘湜 沈大平 沈載完 安世永 安承周 廉弘喆 吳德均 吳應準
吳熙弼 尹晳炳 尹殷重 李基文 李南容 李大熙 李冕相 李相寶 李雄烈 李麟求
李在奐 李鐘完 李智榮 鄭德基 千永星 崔昌圭 韓万愚 許　雄 洪善基 黃浿江

推進委員

姜大安 姜錫斗 姜世烈 姜榮求 姜佑植 姜雨暢 姜元昭 姜銀周 姜海達 姜弘周
高基暘 高基元 郭秀泉 丘昌煥 具範謨 權光淳 權寧徹 權祥善 權善京 權善榮
權善瑀 權瀁遠 權寧吉 權五德 權周煥 權兌遠 琴基東 琴榮黙 琴榮憲 吉漢喆
金　建 金　燁 金吉洛 金大炫 金德均 金悳中 金明煥 金璞圭 金炳旭 金炳翰
金鳳石 金鳳柱 金相殷 金相勛 金善均 金聲起 金世文 金韶寧 金壽鎭 金昇鎬
金言柱 金榮勣 金永達 金永濟 金英鎭 金英鎬 金玉範 金完鐘 金容九 金容文
金容星 金容承 金容準 金容灝 金殷鎬 金益柱 金仁會 金麟濟 金在昇 金在河
金在勳 金載琫 金正仁 金正杓 金鍾奭 金鍾璿 金鍾禹 金主經 金周一 金柱八
金重九 金重植 金振圭 金鎭世 金鎭英 金鎭元 金次均 金忠經 金泰龍 金泰現
金韓雄 金玄玟 金洪萬 金洪泰 羅炳垛 南基洛 南明鎭 南孝娘 盧炳權 盧世愚
盧五斗 閔庚甲 閔庚勇 閔東根 閔丙九 閔丙球 閔泳鉒 閔憲植 朴根滓 朴魯峰
朴東奎 朴炳完 朴炳一 朴城孝 朴聲鎬 朴世殷 朴彦緖 朴淵龍 朴永睦 朴英錫

朴磺雨 朴雄基 朴允錫 朴隆和 朴恩用 朴仁煥 朴貞圭 朴貞植 朴濟求 朴鍾允
朴柱奉 朴焌圭 朴志昌 朴鎭洙 朴燦奎 朴贊洪 朴千圭 朴天圭 朴忠淳 朴炫培
朴弘雨 朴泓九 朴喜鳳 方斗憲 白明基 卞起洙 邊于燮 邊昌憲 邊太燮 徐東烈
徐尙源 徐相玉 徐元雄 徐廷元 徐學源 徐海吉 成百善 成烈均 成在慶 成周鐸
成賢慶 蘇光熙 孫麒榮 孫在植 宋 洵 宋甲鎬 宋道用 宋東憲 宋東鎬 宋斗永
宋百憲 宋範燮 宋秉鶴 宋秉湖 宋錫祥 宋錫燦 宋錫太 宋錫憲 宋錫洪 宋英燮
宋永俊 宋容晟 宋佑彬 宋祐永 宋寅鳳 宋寅燮 宋一和 宋日永 宋在參 宋在億
宋在英 宋在周 宋在七 宋佐彬 宋俊彬 宋天燮 宋夏燮 宋孝彬 宋希彬 愼克範
愼鏞協 申可鉉 申侊澈 申德相 申東浩 申復泳 申應均 申正澈 辛承文 沈雲澤
沈海鎭 沈玄根 安基錫 安榮鎭 梁顯圭 裵基寧 呂寅哲 呂增東 廉東禧 吳世亨
吳榮秀 吳英根 吳寓鉉 吳漢鎭 吳亨根 吳熙重 邕章祐 禹快濟 俞炳星 俞炳夏
俞錫根 俞睿根 俞仁植 柳龜相 柳南相 柳德鉉 柳聖熙 柳容鉉 柳仁範 柳在泳
柳州鉉 柳志文 柳鐸一 柳海相 陸容修 尹基漢 尹炳琥 尹鳳燮 尹仁熙 尹正熙
尹政雄 尹柱洪 尹夏榮 尹亢老 李 俸 李 伉 李剛熙 李堅秀 李圭鎭 李圭煥
李奎昌 李揆雄 李揆天 李揆亨 李基雄 李起亨 李宅周 李敦柱 李同浩 李東英
李東桀 李來炘 李萬植 李白周 李炳基 李炳宣 李炳五 李炳奎 李秉讚 李輔範
李奉錫 李相斐 李相祐 李相泰 李相薰 李世鍾 李世鎬 李壽範 李樹鳳 李良熙
李烈雨 李英熙 李容奎 李雨錫 李原植 李源甫 李閏達 李翊燮 李仁錫 李一雨
李在雨 李在正 李在賢 李載根 李鍾健 李鍾聲 李鍾潤 李鍾律 李鍾出 李鍾賢
李鍾薰 李天培 李初榮 李忠植 李台熙 李澤信 李海鍾 李憲求 李禧喆 印權煥
任成宰 任徹中 林根洙 林達洙 林樂哲 林馥煥 林榮鎬 林允洙 林喆圭 林太秉
林解滿 張奎燮 張基永 張在澈 張泰鎭 張興鎭 全嘉漢 全聖煥 全忠默 田光鉉
田四鎭 田益秀 鄭九泳 鄭奎福 鄭昞泰 鄭福永 鄭完永 鄭禹澤 鄭雲鶴 鄭仁德
鄭鍾學 鄭昌璣 鄭忠基 鄭泰奎 鄭泰允 鄭夏容 曺碩鉉 曺庸煥 趙東一 趙斗英

趙萬濬 趙參衍 趙誠玉 趙永植 趙完圭 趙載勳 趙鍾國 趙興圭 周在馦 周載雨 池光烈 池成圭 池春相 陳鍾振 蔡 薰 蔡載原 千二斗 崔 極 崔 檀 崔奎瑗 崔槿黙 崔來沃 崔文奎 崔文輝 崔秉文 崔秉奭 崔祥鎭 崔成熙 崔松錫 崔勝範 崔榮均 崔榮花 崔昌鉉 崔台鎬 崔亨燮 河聖基 韓珏洙 韓圭哲 韓凡悳 韓琫熙 韓相珏 韓相壽 韓錫熙 韓聖得 韓世熙 韓舜敎 韓英奎 韓鏞洙 韓政洙 韓孝東 扈賢贊 洪鍵憙 洪大杓 洪宜善 洪淳孝 洪鍾潤 洪漢杓 黃圭萬 黃競淵 黃善在 黃昕善 黃胤周

執行委員長 趙鍾業

執行委員

姜銓燮 景一男 金東箕 金善祺 金泰鉉 金昌柱 盧泰朝 都守熙 都孝根 閔丙德 朴禹勳 邊平燮 史在東 孫鍾浩 申景澈 尹鍾書 田溶文 鄭元洙 崔元圭 崔俊夏 韓永穆 黃仁德

대전의 대표적인 산, 보문산 사정공원에 1994년 12월에 세운 장암 지헌영 선생 학덕추모비가 우람하다 할 만큼 의연하게 서있다. 지척(咫尺)에는 한용운 시비, 박용래 시비, 김관식 시비가 있어서 더욱 훈훈한 정을 느낄 수 있다.

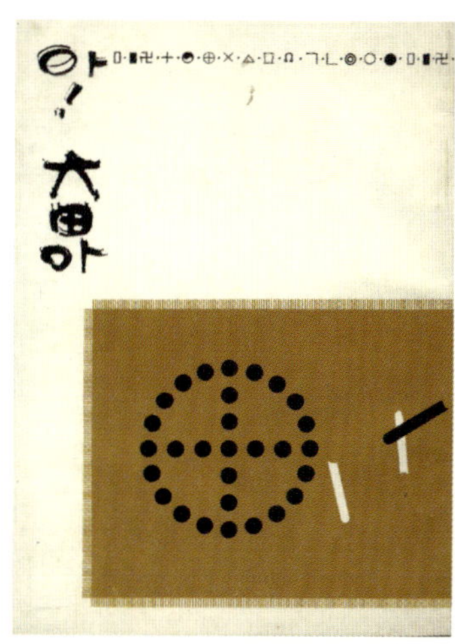

지헌영 시집 『아! 大田아』 표지
1971 · 湖西文化社

이 추모비에는 장암 지헌영(1911-1981)선생의 장시 「아! 대전아」의 발췌부분이 새겨져 있다. 대전광역시청 동편 공원에 세운 「대전사랑시비」(1999)에도 이 시의 발췌 부분이 새겨져있지만 동일한 것은 아니다. 본래 장암 선생의 장시「아! 대전아」는 51연 280여 행으로 구성된 필생의 역작이다. 「대전사랑시비」에는 처음 3연 중간 3연 마지막 3연을 새겼고 「학덕추모비」에는 처음 5연, 마지막 3연을 새겨 대전사랑의 함축적 의미를 담아낸 것이다.

지헌영 선생은 우리고장의 빼어난 학자로서 충남대교수, 호서문학회 대표, 대전일보 사장, 한국언어문학회 회장 등을 역임하였다. 이 추모비를 통해 선생의 빛나는 풍모를 다시 새길 수 있을 것이다.

지헌영 선생은 학자로서 일가를 이룬 분이지만 문인으로 등단하지는 않았다. 그러나 호서문학회 대표를 역임하였고, 도예가 이종수(1935-2008)교수 장정, 강전섭(1933-2004)교수 발행으로 『아! 大田아』 시집을 남겼고, 「학덕추모비」 및 「대전사랑시비」 이외에도 3·8 & 4·19현정탑 시를 쓰고, 대전고, 서대전고, 우송고, 유성고, 유성여고, 대전중, 우송중 교가를 작사한 공로로 문인반열에서 명성이 높다.

여기 그 많은 분량의 학덕추모비 내용은 저명한 서예가의 손을 빌어 한자 한자 써서 새겼다. 그대로 담을 수가 없어 모두 활자화 하였다. 사재동 교수의 「장암학보」 제공, 금선 교수의 『아! 大田아』 시집 제공이 큰 도움이 되었다.

9. 금당이재복문학조형물

대전광역시 동구 용전동 78-38 대전문학관

〈후면〉 금당 이재복의 시 「꽃밭」을 임원법이 쓰고

시 새김돌을 이동영이 헌정하다

2013년 3월 일

꽃밭

금당 이재복

노란 꽃은 노란 그대로 하얀 꽃은 하얀 그대로
피어나는 그대로가 얼마나 겨운 보람인가
제 모습 제 빛깔따라 어울리는 꽃밭이여

꽃도 웃고 사람도 웃고 하늘도 웃음짓는
보아라, 이 한나절 다사로운 바람결에
뿌리를 한 땅에 묻고 살아가는 인연의 빛

너는 물을 줘라 나는 모종을 하마
남남이 모인 뜰에 서로 도와 가꾸는 마음
나뉘인 슬픈 겨레여 이 길로만 나가자

시비는 정신의 촉수이어야 한다. 그래서 더욱 공공적이어야 한다. 어떤 사심이나 공명심이 서성거리게 할 수는 없다. 그런 뜻을 살피며 《대전문학시대》 2012년 봄호, 여름호, 가을호에 연이어 나갔던 금당이재복선생문학조형물 건립 안내문을 이곳에 밝힌다.

錦塘 李在福 선생 문학조형물 건립안내

고요히 생각하고, 그 생각의 씨알을 불태워 시의 영광을 증거한 이재복(1918-1991) 선생은 충남 공주 출신으로 혜화전문학교(현 동국대)불교과를 졸업하였고 공주사범대학 교수, 보문중고등학교 교장, 충남국어교육회장, 한국예총충남지부장, 한국문협충남지부장, 대전불교연수원장, 동방불교대학장 등을 역임하였습니다.

「향토시가회」「동백」「시회」「호서문학」「충남문학」등에서 문단활동을 하였고 제1회 충남도문화상과 국민훈장 동백장을 받았으며 사후에 문학선집 『노란 꽃은 노란대로』, 시선집 『정사록초』와 『용봉 대종사 금당 이재복 선생 전집』 총 8권이 간행 되었습니다.

선생의 빛나는 업적을 기리고 문단의 귀감으로 선생을 추모하고자 뜻을 같이 하는 문인 및 학계, 문화계, 불교계 인사들이 문학조형물건립추진위원회를 구성하였습니다. 선생을 존경하며 따랐던 후학 및 제자들은 물론 생애의 한 시기를 같이 했던 문화예술인, 불교인, 그리고 각계각층에서 활약하고 계신 지도층 인사 여러분들의 많은 참여와 성원을 기대합니다.

2012년 3월

금당 이재복 선생 문학조형물건립추진위원회 위원장

10. 김대현시비(金大炫詩碑)

하늘이 와서 쉬나니

강물이 어이 자리오

대전광역시 대덕구 미호동 대청댐 잔디광장

건립기

운장 · 김대현(1920-2003)은 제주에서 태어나 1945년 대전에 정착한 이래 문학과 교육 그리고 불교를 전파하는데 혼신의 열정을 바치었다. 사유와 깨달음의 시심을 가다듬어 10권의 시집을 남겼으며, 교육계에 투신해서는 가난하고 불우한 청소년들을 위한 교육 사업에 헌신함으로서 불타의 가르침을 몸소 실천하였고, 불교의 참뜻을 펴는 방편으로 10권의 불교서적을 펴냈다. 빛에의 회귀를 꿈꾸는 시인으로서 한국문단에 끼친 그의 업적을 기리고자 문화예술인들의 정재를 모으고 대전광역시와 한국수자원공사대청댐관리단의 지원을 받아 이곳 아름다운 잔디광장에 시비를 세운다.

2004년 10월 16일

시비건립위원장 김용재 호서문학회장 이진우

글 · 홍순갑 글씨 · 정태희 구성 · 이종수 돌새김 · 한대규

운장 김대현(雲藏 · 金大炫:1920-2003) 시인은 제주도에서 태어나 일본 동경문화학원 전문부 문학과를 졸업하고 만주 신경 대동신문사에 근무하다가 1945년 조국광복과 더불어 귀국, 대전에 정착하였고 문학과 교육, 그리고 불교를 전파하는데 혼신의 정열을 불태웠다.

대전고 교사, 대전광명실업전수학교 교장, 충남문인협회장, 호서문학회장 등을 역임하였고 1954년 첫 시집 『청사靑史』를 비롯 11권의 시집(시선집 포함)과 『생활불교』(1971)를 비롯 10권의 불교서적을 펴냈다.

2004년 대전광역시 대덕구 미호동 대청댐 잔디광장에 시비를 세우면서 김대현시비건립위원회가 기획 편집하여 유고시집 『白衣의 雅歌』와 『김대현 시인의 인생과 문학』 그리고 박희선 · 김대현 대표 시선집 『紙碑 그리고 江』을 함께 발행했다.

사유와 깨달음의 불교이념과 한국의 전통적 서정을 융합하여 정성으로 빛의 세계를 펼쳐온 그의 시정신은 한국문학의 귀감으로 평가받으며 충남도문화상, 한국불교문학대상, 호서문학상, 한밭시조문학상을 수상하기도 했다.

시비에 새겨진 〈江〉은 이미 필자가 영역하여 여러 지면에 알린 바 있고 운장의 시선집 『창가에 앉아』(1996)의 평설에 언급한 바도 있다. 운장의 가장 짧은 두 줄의 시를 읽으며 저 낭만의 세계를 주름잡던 영국 워즈워드의 소네트 〈세상은 우리에게 너무하다 : The World Is Too Much With Us〉에서 볼 수 있는 '달님에게 젖가슴을 다 드러낸 바다'(This sea that bares her bosom to the moon)의 이미지를 연상하면서 자연의 조화나 그 조화에 대한 감동 이상의 차원에 늘 운장의 시가 존재하고 있다는 생각을 해볼 수 있을 것이다. 하늘과 강물의 조화 그 어울림의 경지는 이원화합의 상승적 정신세계를 말하는 것이다. 번뇌를 끊은 무아정적의 깊이에서 솟아나는 성불의 선시(禪詩)같이, 이 시는 언제나 실천수행 그 깨달음의 화두로 존재할 수 있을 것이다.

11. 한성기시비(韓性祺詩碑)

대전광역시 중구 문화동 (옛)시민회관

역

한성기

푸른불 시그널이 꿈처럼 어리는
거기 조그마한 역이 있다

빈 대합실에는
의지할 의자 하나 없고

이따금 급행열차가
어지럽게 경적을 울리며
지나간다

눈이 오고
비가 오고……

아득한 선로 위에
없는 듯 있는 듯
거기 조그마한 역처럼 내가 있다

건립기

한성기 선생은 일천구백이십삼년 사월 삼일 함경남도 정평군 광덕면 장동리에서 태어나 함흥사범학교를 졸업하고 충남으로 발령을 받아 합덕신촌국민학교 대전사범학교에서 교편을 잡으며 시 창작에 몰두했다 선생은 「역」이라는 작품으로 문단에 데뷔 평생을 시창작에만 전념하다 일천구백팔십사년 사월 십칠일 별세했다. 신병과 가난 탓으로 추풍령, 영동, 예산, 조치원, 유성, 안흥, 두계, 진잠, 등지를 전전하면서도 「산에서」 「낙향이후」 「실향」 「구암리」 「늦바람」 등의 시집과 시선집을 펴내 문단의 눈을 끌었다. 작품세계를 보면 자연과 인생을 노래하였는데 정직성을 잃지 않았고 자연의 섭리에 대해서도 부정하는 일이 없었다. 하나같이 진솔하고 간결하기 때문에 '읽히는 시'로서 독자와 친할 수가 있었다. 선생은 「현대문학」 「현대시학」 추천심사위원을 지냈고 충남도문화상 한국문학상 조연현문학상 등을 받은 바 있다. 뿐만 아니라 후진양성은 물론 불모지였던 충남에 문학의 씨앗을 뿌린 그 업적과 청빈하게 살다간 한성기 시인을 기리는 뜻에서 문화의 전당인 시민회관 앞 뜰에 이 시비를 세운다.

1987년 12월 12일

한성기시비건립위원회위원장 안영진 짓고

한국예총충남도지회장 남계 조종국 쓰다

한성기(1923-1984) 시인은 고향을 이북에 둔 실향민으로서 혈육과의 생이별, 필연적인 낙향, 젊은 시절 부인과의 사별, 절박한 투병생활 등 고독과 허무 속에서 삶의 전부를 시에 투사(投射)한 천성의 시인이다.

1942년 함흥사범학교 졸업 이후부터 충청도와 인연을 맺었고 대전사범학교 교사(1947-1961)로 근무하면서 ≪현대문학≫(1955·4월호)을 통해 박두진 추천으로 문단에 데뷔하였다.

자연친화적 전통서정 속에 인간의 존엄성을 끊임없이 추구하며 현대 문명의 병폐를 소명이듯 고발한 고뇌의 시인으로 평가를 받는 그는 『산에서』(1963), 『낙향이후』(1969), 『失鄕』(1972), 『구암리』(1975), 『늦바람』(1979) 등의 시집과 시선집 『落鄕以後』(1982)를 발행하였으며 사후에 박명용편으로 『한성기시전집』(2003)이 나왔다.

1987년 건립한 시비에 새겨진 「역」은 1952년 ≪문예≫지(5·6월 합병호)에 초회 추천된 작품으로 쓸쓸한 시골 간이역 풍경을 묘사하고 있다.

역의 풍경은 이렇다. 푸른 불 시그널이 언제 꺼져버릴지도 모른체 꿈처럼 어려있고 사람도 없이 텅 빈 대합실에는 삶의 존재를 지탱하며 의지할 의자조차 하나도 없다. 이따금 급행열차가 경적을 울리며 지나가지만 그 급행열차에게 역의 존재는 어떤 의미도 가치도 없다. 그래서 존립의 위기를 불러오기도 한다.

그러나 눈이 오고 비가 오는 것처럼 세월은 흘러가는데 기차가 달리는 아득한 선로 위에 보잘 것 없는 그 역처럼 없는듯 있는듯 시인이 있는 것이다. '역'의 존재 상황과 '나'의 삶의 현실이 동일시 되면서 작품속에 불안과 위기와 소외의식의 심리적 요인이 작용한 것이라 할 수 있다. 고독 또는 외로움의 내면이 용해된 시인의 자화상이며, 또는 50년대의 보편적 시대상으로 파악할 수 있을 것이다.

시민회관은 연정국악원으로 바뀌었다가 현재(2003. 7월)는 대전문화예술센터건립공사가 한창이다. 때문에 한성기 시비는 공사장내 변두리 빈 터에 누워 포장에 덮혀 잠자고 있다.

12. 박용래시비

대전광역시 중구 보문산 사정공원

저녁눈

늦은 저녁 때 오는 눈발은 말집 호롱불 밑에 붐비다

늦은 저녁 때 오는 눈발은 조랑말 발굽 밑에 붐비다

늦은 저녁 때 오는 눈발은 여물 써는 소리에 붐비다

늦은 저녁 때 오는 눈발은 변두리 빈터만 다니며 붐비다.

박용래 선생은 평생 시 하나만을 위해 살다 간 전통적 서정시인이다. 이 고장을 지키며 시류에 흔들리지 않고, 고운 나무결 같은, 향토색 짙은 언어로 많은 사람의 가슴에 감동을 주었다. 눈물로 외로움을 달랬고, 술로 좌절을 풀었다. 작은 것을 사랑했고, 사라져 가는 사물에 애틋한 눈길을 보냈다. 그는 삶의 멋과 깊이를 알고 간 시인이다. 그를 아끼고 잊지 못하는 문학 동호인과 뜻을 같이하는 이들이 정성을 모아 여기 시비를 세운다.

1984년 10월 일

시비건립추진위원회

박용래 시인 연보

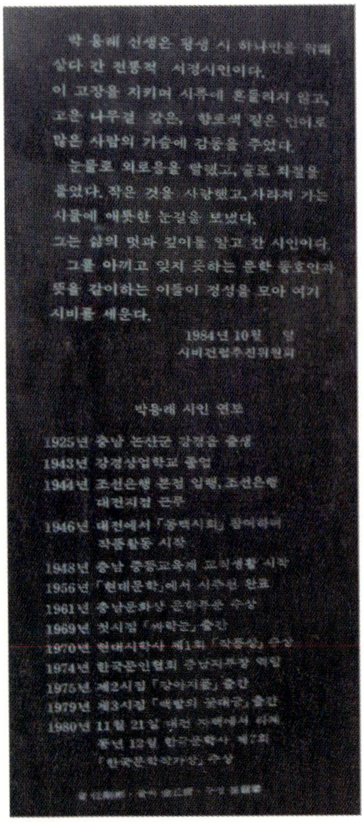

1925년 충남 논산군 강경읍 출생

1943년 강경상업학교 졸업

1944년 조선은행 본점 입행, 조선은행 대전지점 근무

1946년 대전에서 「동백시회」참여하며 작품활동 시작

1948년 충남 중등교육계 교직생활 시작

1956년 「현대문학」에서 시추천 완료

1961년 충남문화상 문학부문 수상

1969년 첫시집 「싸락눈」출간

1970년 현대시학사 제1회「작품상」수상

1974년 한국문인협회 충남지부장 역임

1975년 제2시집 「강아지풀」출간

1979년 제3시집 「백발의 꽃대궁」출간

1980년 11월 21일 대전 자택에서 타계

동년 12월 한국문학사 제7회

「한국문학작가상」수상

글 任剛彬 · 글씨 金丘庸 · 구성 崔鍾泰

박용래(1925-1980) 선생은 재산도 명예도 가까이 함이 없이 평생 시 하나만을 위해 살다 간 우리나라 대표적 서정시인 중의 한 사람이다. 충남 강경에서 출생하여 강경상업학교를 졸업하고 조선은행 대전지점과 충남교육계에 잠시 몸담았을 뿐, 1956년 《현대문학》에서 시 추천을 완료한 후 대전에서 오직 시만 쓰며 일생을 보낸 감동적 인물로 평가를 받는다. 그 감동은 곧 시에 대한 애정과 좋은 시를 빚어낸 정신적 노역의 결과에서 비롯된 것이다.

1984년 10월에 건립한 「박용래 시비」 역시 임강빈 시인이 건립기를 쓰고 김구용 시인이 글씨를 썼으며 조각가 최종태 교수가 구성을 한 빼어난 예술품으로 인정을 받고 있다.

여기 「저녁눈」은 우리나라 중학교 국정교과서에도 수록된 작품으로 늦은 저녁때 눈 내리는 정경을 묘사한 아름다운 서정시다.

말집 호롱불 밑에 늦은 저녁때 오는 눈발이 쌓이고, 조랑말 발굽 밑에 쌓이고, 여물 써는 소리에도 쌓이고, 변두리 빈 터만 다니며 또 쌓이고 있다. 도시의 찬란한 문명이나 오염된 사회상 보다 향토의 소박하고 조촐한 것, 조용하고 알뜰한 것, 문명의 때가 묻지 않은 토속적 정서를 가치체계로 아름답게 상승시키고 있는 것이다. 시어를 고르고 조탁하는 일이나 제재를 압축 응결하는 힘 역시 주목의 대상이 될 것이다.

시집으로는 『싸락눈』(1969) 『강아지풀』(1975) 『백발의 꽃대궁』(1979)이 있으며 사후에 박용래 시전집 『먼 바다』(1984)가 나왔다.

13. 권선근문학새긴돌

대전광역시 서구 둔산동 샘머리공원

…… 해가 서쪽 산마루에 거의 닿을 무렵 나는 허선생과 문식이가 사는 괴목골을 향해 교문을 나섰다. 바람이 씽씽 전선을 울리며 스쳐간다. 귓전이 제법 따가웠다. 시냇물이 감돌고 있는 산비탈길을 막 접어들었다. 우리들은 무엇에 놀란 사람처럼 딱 멈추었다. 그 어린 것이 추단하기에는 너무나 과중한 나뭇짐을 진 문식이가 이리로 오고 있었다. 우리를 발견한 문식이도 그 자리에 화석처럼 굳었다. 「너, 그 웬 나무냐 응?」 허선생이 먼저 그렇게 입을 열었다. 「……」 아무말이 없다. 「너 웬 나무냐, 나무는 응?」 「……」 또 응구대척이 없다. 「내 궁금해 너의 집에 가는 길이다」 「……」 답답할만치 대답이 없다. 잠시 침묵이 흘렀다. 문식이는 비스듬히 외면을 하며 비로소 입을 열었다. 떨리는 목소리다. 「선생님두 돈 없으실건데, 오학년 때 부터 이제껏 돈 대서 가르쳐 주시구 이번에도 그 많은 돈을 내주셨는데 선생님 나무래두 한짐 해다드릴라구 오늘 결석……」 이내 말이 그치고 말았다. 어깨가 들먹들먹 해졌다.

– 權善根 단편소설 「許先生」 중에서 –

權善根 文學 새긴돌

獻詩 崔元圭 글씨 宋浚永

1997. 9. 1

韓國文人協會大田廣域市支會長 崔松錫

〈뒷면〉

獻 詩

당신은 이고장 숯뱅이 의연한 선비였네 소설가 권선생은
병인년에 나셔서 기해년에 가셨으니 육십평생 〈요지경〉
같은 세상에서 〈허선생〉 같이 살다 간 의연한 선비여,
당신은 촉촉한 들판의 봄비처럼 우리 모두의 가슴을
따뜻하게 적셔 주었네.

1997. 9. 1
문학새긴돌 건립추진위원회

소설가 권선근(權善根 : 1926~1989) 선생은 대전 출신으로 전주사범과 성균관대학을 졸업하였고 《문예》지를 통해 단편 「허선생」(50.3) 「요지경」(54.3) 등으로 김동리의 추천을 받고 문단에 데뷔했다.

이어 「해빙선」(현대문학 : 1955.11~12) 「생명」(현대문학 : 1956.12) 「자식」(현대문학 : 1960.11) 「결혼사진」(대전일보 : 1963.11.26) 등을 발표하였고 충남대학교 교수로 재직하면서 한국문협충남지부장, 한국예총충남지부장을 역임했으며 충청남도문화상(문학)을 수상(58년)했다.

그의 소설은 한결같이 시대적으로 불우한 인간들을 등장시켜 그 인간들로 하여금 현실을 극복해가는 삶의 모습을 리얼하게 파헤치고 있다는 평가를 받고 있다. 사후에 권선근 문학선집 간행위원회(위원장 · 송백헌)에서 『권선근 문학선집』(1991)을 간행했으며 1997년에는 권선근 문학새긴돌 추진위원회(위원장 · 최송석)에서 「권선근 문학새긴돌」을 둔산 샘머리공원에 세웠다(1997). 앞면엔 「허선생」 중에서, 클라이막스 부분을, 뒷면엔 최원규시인의 송시를 새겼다.

건립 당시 이 문학새긴돌 위에 대전의 새 까치를 조형해 앉혀놓았는데 2009년 – 2010년 사이 이 까치는 어디론가 사라지고 돌아오질 않았다. 유족의 절대적인 도움을 받아 2010년 10월 27일 대전문인총연합회가 주관하여 다시 소설가의 얼굴을 조형해 넣는 권선근 문학새긴돌 보완 제막식을 가졌고 이어서 인근 하얏트호텔에서 소설가 권선근 추모 문학의 밤을 개최한 바 있다.

14. 김관식 시비

대전광역시 중구 보문산 사정공원

다시 曠野에

저는 항상 꽃잎처럼 겹겹이 에워싸인
마음의 푸른 창문을 열어놓고
당신의 그림자가 어리울때까지를 가슴조여
안타까웁게 기다리고 있습니다.
하늘이여,

그러면 저의 옆에 가까이 와 주십시오.
만일이라도…… 만일이라도……
이승 저승 어리중간 아니면 어데든지
당신이 계시지 않을 양이면

살아 있는 모든 것의 몸뚱어리는
암소 황소 쟁기결이 날카론 보습으로
갈아헤친 논이랑의 흙덩어리와 같습니다

따순 봄날 재양한 햇살 아래
눈 비비며 싹터 오르는 갈대순같이
그렇게 소생하는 힘을 주시옵소서.

시인 연보

1934년 충남 논산에서 金洛羲 차남으로 출생

1952년 강경상업고등학교 졸업. 첫시집 「낙화집」출간.

1953년 고려대에서 동국대 농과대학으로 전학. 崔南善 吳世昌 등에서 성리학 동양학 서예 등 사사.

1954년 未堂 徐廷柱 처제 方玉禮와 결혼. 서울공고 교사.

1955년 서울상고 교사. 「현대문학」에서 「연」 「자하문 근처」 등 시로 문단에 등단. 李炯基 李相魯와의 3인 시집 「해 넘어가기 전의 기도」 출간.

1957년 「김관식 시선」출간.

1959년 세계일보 논설위원.

1960년 4월 혁명 후의 총선에서 민주당 張勉 박사와 겨루기 위해 서울 용산 갑구에서 민의원 출마.

1968년 「서경」번역 간행.

1970년 8월 30일 간염으로 요절

사후 고향인 논산군 연무읍 소룡리에 안장.

1976년 시선집 「다시 광야에」 출간.

1983년 부인 方玉禮 여사의 「대한민국 김관식」 출간.

건립기

시인이 그리워하는 것이 어찌 나무나 땅이나 하늘 뿐이랴. 폭풍도 있고 불도 있다. 김관식 시인은 온몸으로 시를 썼다. 맑고 여린 한국적 서정시를 동양정신의 미학에서 승화시켰고, 남다른 기행과 호쾌한 기개는 세인의 화제를 일신에 모으기도 했다. 독보적인 개성이 있었고 한학에 조예가 깊었다. 그러나 「대한민국 김관식」은 그의 천재적 재능을 모두 꽃피우지 못한 채 37세로 요절하였다. 세속의 온갖 굴레로부터 벗어나 자유롭고자 했던 그의 「오만한 시혼」은 무한한 창조력의 원천으로서 새로운 매력과 그리움을 주는 바가 있다. 이에 그의 높은 시정신을 기리고 추모의 정을 함께 하고자 문단과 지역사회의 정재를 모아 시비를 건립한다.

1992년 10월 22일
시비건립추진위원회

위 원 장	趙南翼 韓相珏 金容材
부위원장	洪禧杓 金丁洙 李道鉉 白龍雲
	具湘會 羅泰柱 崔松錫 金元泰 金秀男
사무국장	李憲錫 金明洙 田玟
글	趙南翼
설계감리	文友植

김관식(金冠植 : 1934-1970) 시인은 충남 논산 출신으로 강경상업학교를 졸업하고 최남선·오세창 등에서 동양학을 배웠다. 미당 서정주 시인의 처제 방옥례 여사와 결혼하였고 서울공고·서울상고 교사, 세계일보 논설위원 등을 역임했으며 1960년 4월 혁명 이후 서울 용산 갑구에서 민의원에 출마해 장면 박사와 겨루기도 했다. 1970년 37세를 일기로, 지병으로 요절했다.

남다른 기행(奇行)과 상식을 넘어선 괴벽, 그리고 술과 병고의 행적으로 세월을 보냈지만 《현대문학》으로 등단(1955)하여 온몸으로 시를 쓰며 사회적 부조리와 정치적 모순에 대한 직접적 진술과 가난한 이웃들에 대한 애정과 연민의 감정을 토로했다.

〈다시 광야에〉는 아득하게 너른 이 땅의 현실적 벌판에서 순리와 섭리, 또는 전능한 힘의 상징인 '하늘'을 절대의 연인으로 맞이하며 갈대순 같은 소생의 기회를 갈망하는 내용이다. 땅을 갈아엎는 날카론 '보습'이나 구김살이나 울퉁불퉁한 데가 없이 반듯하게 펴 말린다는 의미의 '재양한' 같은 시어가 대조를 이루어 마치 현실과 이상의 간격을 말해주는 듯하다.

시집으로 『낙화집』(1953) 『해 넘어가기전의 기도』(1955. 이형기, 이상로 와의 3인 시집) 『김관식 시선』(1957)이 있으며 사후에 김관식 시전집 『다시 광야에』(1976)와 『대한민국 김관식』(1983)이 출간 되었다.

1992년에 세운 이 곳 시비는 벌써 새긴 글씨를 알아보기가 어렵다. 내용을 많이 넣을 것이 아니라 적게 핵심을 넣어 가능한 큰 글씨로 깊게 새겨야 한다는 시비건립원론을 다시 생각케 한다.

15. 신정식시비

대전광역시 동구 상소동 시민휴식공원

江

申正植

저처럼 부끄럼 타는
그림자
흰 구름이

흐르는 강물이 드리운
자갈돌에
내리는 그리움

나의 마음
새로운 길에
까치가 운다

건립기

신정식 시비 제막 기념 (1998.11.22)
앞줄 좌로부터 최종태(조각가)·김대현·김영배·이종수(도예가)
뒷줄 좌로부터 홍희표·김용재·김영수·임강빈 시인

신정식(1938-1995)은 대구에서 출생하여 그곳에서 소년시절을 보냈으며, 1957년부터 대전에 정착, 『湖西文學』 회원으로 문학활동을 시작한 이래 1973년 『現代詩學』을 통해 문단에 데뷔했고, 『江』 「빛이 있으라 하니」 「변신」 등 좋은 시집을 출간하여 우리나라 시문학 발전에 크게 이바지하였다. 또한 한국문인협회 충남부지부장, 호서문학회장등을 역임하였고, 대전시민의 상과 호서문학상을 수상하는 등 문단활동 및 공적도 폭 넓게 인정을 받았다. 자연적 서정과 생활주변의 인생의 모습을 정직하게 그려내며 건강한 시혼을 불태워 온 시인의 시정신을 기려 그의 문학의 고향 대전에 이 시비를 세운다.

건립기 홍희표, 글씨 박경동, 돌새김 이재순. 조각 최종태

1998년 11월 일 시비건립후원회장 이석구, 시비건립위원장 김용재

신정식(1938-1995) 시인은 대구에서 출생하여 그 곳에서 소년시절을 보냈다. 그리고는 한 세월의 청춘을 불태우며 동·서해 어부생활을 했고, 제주도 어느 공장에선 손수레를 끌며 직공생활을 했다. 대전에선 조그만 노점을 하나 가졌던 것이 연유가 되어 백화점 왕 이라는 애칭이 따라다니기도 했다. 경기도 어느 농장에선 지게를 걸머진 농부였다.

그러나 그는 우리 나이 스무살이던 1957년부터 대전에 정착하였고 「호서문학」을 무대로 하여 30여년 문단활동을 하면서 한국문인협회 충남부회장, 호서문학회장, 호서문화사 사장 등을 역임했고 「대전시민의 상」 「호서문학상」 등을 수상했다. 1970년 첫 시집 『江』을 출판한 이후 1973년에 〈현대시학〉을 통해 거부하던 등단절차를 거쳤고 그 뒤에 시집 『빛이 있으라 하니』(1983)를 발행했으며, 그의 시비 제막식 날에 유고시집 『변신』(1998.11.22)이 출간되었다.

시비에 새겨진 시는 시인의 첫 시집 『江』의 표제와 동일한 첫번째 수록 작품이며 시비는 조각가 최종태 교수가 조각을 하고 서예가 박경동 님이 제호 글씨를 썼다.

박목월 시인은 신정식의 시가 "모든 인간적인 허식을 떨쳐버리고 순심의 그 빛나는 정직성과 순수성, 정신의 건강성을 보여주는 것"이라고 그의 시집 서문에 적고 있다. 부끄럼타는 그림자로 떠 있는 흰 구름이 강물 속 자갈돌에 비치는 그리움으로 나타나면서 그들은 시인의 친구가 되고 친구를 맞으며 시인은 겸손한 긍지를 살린다. 그리고 새로운 길, 개척의지를 다듬는다. 여린 듯 강한 삶의 길이 보이고 그 길에 시정신이 살아있다는 것을 느낄 수 있을 것이다.

16. 이덕영시비

대전광역시 대덕구 신탄진 대청댐 광장

신탄진

이덕영

江이 조용히 빛나고 있었다
江가에 가득한 밀밭 위로
바람이 넘치고 있었다
흰 모래톱에 던지는 돌팔매
하늘 위의 몇 마리 새들과
무심한 물결이
빈 가슴에 들어 와
어둠을 허물고 있었다
키 큰 밀밭 사이로
지난 밤의 하잖은 불면이
구름처럼 사라져 가는 것이
보였다

건립기

李德英은 1942년 8월 8일 대전시 서구 원정동에서 출생하여 대전공업고등학교와 서라벌예술대학을 졸업하였다. 그는 학창시절인 1963년 한국일보 신춘문예에 「化石」이 당선되고 같은 해 동아일보에 「꽃」이 입선되어 문단에 화려하게 데뷔한 이후 온유한 성품으로 한국고유의 전통적 정서를 뽑어내는 주옥같은 시를 빚어냈다. 문명의 이기를 거부하고 자연을 바탕으로 한 향토적이고 토속적인 언으로 「新灘津」 「진달래는 피어서」 「권유」 「밀밭」 「봄밤」 등 정겹고 아름다운 꿈을 삶에 담아 노래하다가 1983년 11월 10일 41세의 아까운 나이로 향리에 잠들었다. 그는 문화공보부 신인예술상과 대전시민의상을 수상했으며 시집으로 『한줄기의 煙氣』를 남겼고 유고시집으로 『푸른 것이 더 푸른날』이 있다. 그의 소박하고 정결한 시혼을 오래 기리고자 문인들이 정성을 모으고 각계의 도움을 받아 살아있는 시 한편을 돌에 새겨 세우다.

1995. 10. 29

이덕영시비건립추진위원회

위원장 박명용

글 김용재

글씨 조중국

李德英은 1942년 8월 8일 대전시 서구 원정동에서 출생하여 대전공업고등학교와 서라벌예술대학을 졸업하였다. 그는 학창시절인 1963년 한국일보신춘문예에 「化石」이 당선되었고 같은 해 동아일보에 「꽃」이 입선되어 문단에 화려하게 데뷔한 이후 온유한 성품으로 한국 고유의 전통적 정서를 뽑어내는 주옥같은 시를 빚어냈다. (이덕영 시비 건립문 중복)

이덕영은 시조로 등단하였지만 자유시를 주로 쓴 대전 토박이 시인이다. 대전시청, 충남도청 등에서 공무원으로 근무하면서 한국문인협회 충남부지부장을 역임했고 간경화증으로 시달리며 1981년부터는 국회의원 비서관으로 일했다. 필자와는 고향 친구 사이였고, 그래서 그의 유고시집을 기획·편집했고 한밭시인선간행위원회 명의로 유고시집 서문을 썼다. 그리고 그의 시비 건립문을 썼다. 신탄진에 세운 그의 시비 시 「新灘津」은 자연과의 동화를 통한 자기정화와 새로움의 활력을 찾는 시 정신이 승화된 작품이며 그의 시집 『한줄기의 煙氣』맨 앞에 수록되어 있다. 문학평론가 원형갑(1929-2004)은 이덕영의 시집 평설에서 "문명에 얽힐 수밖에 없는 삶 앞에서 어차피 시는 한줄기 연기"라고 지적하며 "그러나 그 한줄기의 연기가 우리를 무한한 생명에의 향수 속에 사로잡고 문명의 번질번질한 성공주의는 아랑곳도 없이 산 너머로 산 너머로 우리를 유혹한다"고 지적한 바 있다.

빗돌에 새긴 시 「신탄진」은 이러한 정서를 대변하고 있다 할 것이다.

17. 정의홍시비

대전광역시 동구 대전대 인문예술대학

우리나라

이제 우리도
서로의 마음을 낮춰야 할 때다
물은 건너 봐야 알고
사람은 겪어 봐야 아는데
우리는 왜 만남도 없이
이대로 이대로만
병이 들어야 하는가
서로의 믿음을 세우기 위해
세상을 똑바로 보기 위해
다시는 어둠 속에 갇히지 않기 위해
이제 우리도
서로의 마음을 낮춰야 할 때다

건립기

정의홍(1944-1996)은 경북 예천에서 출생하여 그 곳에서 소년시절을 보냈고 서울에서 고등학교와 대학을 다녔다. 1967년 대학 재학중에 「현대문학」을 통해 등단하였고 주목할 만한 시작활동을 하면서 「밤의 환상곡」 「하루만 허락받은 시인」 등 좋은 시집을 남겼다. 또한 1984년부터 이승을 떠날 때까지 대전대학교 교수로 재직하면서 많은 논문과 연구저서를 남겼고 1992년에는 동국대학교에서 문학박사 학위를 받았으며 사후에 한국문학평론가협회상 동국문학상 등을 받았다. 모순과 갈등으로 가득찬 현실 속에서도 불의에 저항하며 꿈과 이상의 시혼을 밝혀온 동시대의 진정한 이미지스트였던 그의 시정신과 문학적 업적을 기려 대전대학교에 이 시비를 세운다.

1999년 5월 29일

대전대학교 총장 김인제 시비건립위원장 김용재 홍신선

건립기 민 찬 글씨 정태희 돌새김 한대규

협찬 대전대국문과 동창회 동국문학인회 호서문학회

정의홍(1944-1996) 시인은 경북 예천 출신이며 서울덕수상고와 동국대 국문학과를 졸업했다. 대학 재학 중 ≪현대문학≫에 시 「나의 습작」(65.07), 「내 손금은」(66.11), 「눈의 서곡」(67.02)이 추천되어 문단에 등단했다. 대학 졸업후 서울에서 10여년간 고교 교사, 대학 강사를 역임했고 1984년부터 대전대 국문학과 교수로 재직하다가 1996년 5월 19일 교통사고로 세상을 떠났다. 『밤의 환상곡』(76), 『하루만 허락받은 시인』(96) 등 시집과 『정지용 시 연구』 등 좋은 저서를 남겼으며 모교에서 문학박사 학위(92)를 받았다. 사후에 한국문학평론가협회상과 동국문학상을 받았으며 정의홍시비건립위원회(위원장 김용재·홍신선)가 추진하여 『정의홍시인의 삶과 문학』 발간과 함께 대전대 인문예술대학 교정에 그의 시비를 세웠다(99).

정의홍 시인은 모더니즘을 바탕으로 예리한 감각의 표출과 이미지 탐구에 주력하였으며 사회현실에 대한 고발과 비판, 그리고 저항의 목소리를 시에 담아냈다. 아울러 문단에서는 바른 소리 잘하는 시인으로, 교단에선 구멍가게 아저씨 같은 큰 스승으로 잘 알려져 있다. 진단시 동인, 호서문학회 회원 등으로 활동했다.

시비에 새겨진 「우리나라」는 남북한 한 민족이 서로 용서하고 포용하고 마음을 낮추는 자세에서 통일의 물꼬를 틀 수 있다는 의지를 표출한 것이다. 만남과 믿음과 정의(正義)로 세상보기, 그리고 민주의식 같은 것이 마음 낮추기의 바탕에 깔려있다.

18. 홍희표시비 (洪禧杓詩碑)

대전광역시 서구 목원길21 - 목원대 인문관 교정

길

홍희표

달새가
보름달만
기리듯
살구꽃
종다리만
기리듯
그대가
알록달록
달새만
기리듯

구성 이종진 글씨 김기상

만듬 다솜문학회 예촌문학회

목원대학교국어교육과

이천십일년삼월

홍희표(洪禧杓)

1946년 대전 출생 (문학박사)

아호 山下, 翁山

1966-67년 〈현대문학〉지 등단

· 저서 : 제1시집 「어군(魚群)」의 지름길(1968년) 외 시선집, 공동시집, 평론집, 산문집, 영역시집, 편저 37권

· 수상 : 대전시 문화상, 동국문화상, 시와시학상, 펜문학상, 황조근정훈장

· 2012 - 목원대학교 국어교육과 명예교수

2011년 3월 11일 목원대학교 인문관 교정에 홍희표 시인의 시비가 세워졌다. 2012년 2월, 30여년간의 교단생활을 마치고 정년을 맞이하는 홍시인의 문학적 공적을 기리기 위해 시인이 근무하며 지도한 다솜문학회-예촌문학회-목원대학교 국어교육학과가 뜻을 모아 미리 시비를 만들었다.

홍희표 시인은 1946년 대전에서 출생하여 신흥초-충남중-보문고-동국대 국문과 및 대학원을 졸업하였고 인하대학교에서 박사학위를 받았으며 1980년부터 목원대 교수로 재직하였다.

시인으로서의 업적을 보면, 그는 《현대문학》을 통해 등단(1966-67)하였으며 그동안 시집 『어군의 지름길』(1968) 외 15권, 공동시집 『청와집』(1971), 시선집 『숨쉬기』(1987) 외 6권, 평론집 『박목월 시의 연구』(1993) 외 3권, 산문집 『교정 속의 노고지리』(1975) 외 4권, 영역시집 『Dancing Alone』(2007)을 펴내며 왕성한 창작활동을 펼쳐왔고 많은 문인들을 배출해왔다. 그런 공적을 인정받아 시인은 대전시문화상(1991), 동국문학상(1997), 시와시학상(2010), 엘트웰펜문학상(2010) 등을 수상하기도 했다.

시비에 새긴 「길」이 함축하고 있듯, 그는 단순한 왕래나 통행의 의미를 훨씬 뛰어넘어 그리움과 사모함으로부터 찬사, 의리, 도리 또는 찬양의 먼 길을 닦고 걸으며 인생을 보냈을 것이다.

시비, 특히 현역 시인의 시비를 세우는 일에 시비(是非) 또는 흑백(黑白)의 말이 심심치 않게 뒤따르는 일도 있지만, 공공적 예술품으로 볼 수 있는 시비라면 오히려 장려되어야 할 것이다.

그러나 이런 저런 말도 없이 홍희표 시인은 2012년 9월 22일 시간의 자유인으로 선탈(蟬脫)했다. 살아서 준비한 『홍희표 시전집』 4권이 눈물 듬뿍 흘리며 죽음 후에 나왔다.

제2부

詩가 사는 기념비

1. 현정탑(顯正塔)

대전광역시 중구 대흥동 대전고등학교 교정

大高의 얼

내일을 向해 힘차게 일어선
우리는 永遠한 횃불
여기 大稜에 치솟는 喊聲은
슬기로 뭉쳐 義를 세운 證言
빛나는 눈이어라 勇氣이어라
大高는 無限한 祖國의 보람

一九六○년 남아의 의기는 울부짖더라
불굴의 三월 八일 부정과 마주섰던 四·一九
이 동산에 자란 孫重瑾·李基泰·高炳來 세 송이 봉오리여
사나운 비바람에 못다금 핀 채 서울에 흩날려 지더니라
아아 「수련은 조국으로」의 마음은 이 돌에 길이 머므올가

〈좌측〉

建立 1962年 5月 25日

設計 金 哲 鎬

글 金 永 德

글씨 鄭 鎭 七

教職員과 同窓들의 精誠을 모아 세움.

〈우측〉

西紀一九六二年五月二十五日 立

종신집권을 노린 이승만 대통령의 정권욕과 독재성 및 그를 추종하는 자유당의 부정부패 정치에 대한 국민들의 누적된 불평불만이 폭발하여 시작된 4·19는 한국의 정치발전사에 획기적인 전기(轉機)를 기록한 역사적 큰 사건이었다.

특히 3·1독립운동과 6·10만세 사건, 광주학생사건 등 강한 저항의식과 애국심을 발휘한 빛나는 전통의 스튜던트 파워, 그 고귀한 맥락을 이어받는 4·19는 우리들의 민주의식 발전과 주권재민의 원리를 입증시킨 불멸의 가치와 의의를 지니고 있다 할 것이다.

정권 담당 세력의 무능과 5·16혁명 초래로 인해 4·19는 결국 미완의 혁명이 되었지만 그렇다고 그 역사적 의의가 감소되지는 않을 것이다. 그런데 4·19는 1960년 4월 19일 그 하루만의 사건은 물론 아니다. 대구의 2·28, 대전의 3·8, 마산의 3·15, 고려대의 4·18, 절정의 4·19, 대학 교수들의 4.25 시국선언문 채택 및 가두시위 등이 총체적으로 4·19의 기폭제 내지는 주요한 골격으로 의미망을 형성하고 있다 할 것이다. 〈김용재의 「3·8 민주의거유감」(대전대신문 2000. 3. 29)에서〉

4·19와 4·19의 도화선이 되었던 대전고의 3·8 민주정신을 기리고 4·19에 가담했다가 희생된 대전고 36회 손중근(서울사대 4), 37회 고병래(중앙대 3), 37회 이기태(경희대 3) 등 세 사람의 고귀한 정신을 거울삼고자 대전고와 대전고 동창회가 주관하여 1962년 6월 23일 현정탑을 세웠다. 이 탑에 새긴 시는 국문학자 지헌영 교수가 지었고 「大高의 얼」은 수필가이며 당시의 국어담당 김영덕 선생이 지었다. 글씨는 역시 국어담당 정진칠 선생이 썼고 미술담당 김철호 선생이 설계를 했다.

현정(顯正)은 올바른 도리와 마땅한 사리와 정당한 이치를 드러내 보이는 일이며 이는 사람이 행하는 가르침의 원리인 것이다. 그래서 이 탑의 의미는 더욱 심오하나, 세파에 시달려 글씨를 알아보기 힘든 것이 안타깝다.

2. 푸른대전천시비

대전광역시 중구 석교동 천석교 부근

푸른 대전천

대전천 돌다리 아래로
옛날엔 푸른 물이 흘렀었네.
잉어도 뛰고 물새도 날았었네.

언제부턴가 폐수가 흘러들어
시민의 핏줄엔 검은 물이 흐르더니
잉어도 죽고 돌다리도 없어졌네.

여기 전설의 돌다리를 복원하고
식장산 맑은 물 다시 흘려보내
중원의 전원도시 우리의 꿈 이루었네.

잉어야 뛰놀거라. 물새야 날아올라
살기 좋은 충절의 내 고장
푸른 대전천 우리 손으로 가꾸세.

조상의 얼과 슬기 보문산에 모였네.
푸른 산 맑은 물 한밭들에 넘치네.
자자손손 이곳에서 복되게 살아보세.

멀리는 금강 물이 굽이굽이 흐르고
가까이는 계룡산 영봉이 솟았는데
집집마다 평화롭게 백목련이 피었네.

신협 신용협 글지음
태운 김근섭 글 씀

〈뒷면〉

금강이 충청인의 젖줄이라면 대전천은 시민의 혈맥이다. 여기 돌다리(石橋)는 아름다운 전설이 서린 유서 깊은 곳으로서 이를 오늘에 재현함은 충절의 고장을 빛내는 자랑스러운 시민상을 정립하는데 있다. 맑은 물이 흐르고 푸른 숲이 우거진 쾌적한 대전천을 가꾸는 일은 우리 모두의 소망이며 전국 제일의 전원도시 건설의 첫걸음이기도 하다. 뜨거운 향토애가 발로된 주인의식만이 이 희망찬 꿈을 실현할 수 있다는 70만 시민의 뜻과 실천의지를 모아 이 비를 세운다.

1982년 5월 대전시장 심대평

대전천은 충청남도 금산군과 경계를 이루는 대전광역시 동구 하소동 만인산과 비파산 계곡에서 발원하여 북쪽으로 흐르다가 중구 옥계동을 통과하고 목척교를 거쳐 대덕구 오정동에서 유등천으로 흘러드는 유로연장 26.29km의 지방1급 하천이다. 아울러 식장산에서 발원하여 판암동, 신흥동, 대동을 관통하여 흐르는 대동천이 삼성1동 부근에서 이 대전천에 합류한다. 이 대전천은 갑천, 유등천과 함께 대전광역시의 3대 하천이며 아름다운 도시 경관을 이룰 수 있게 한 자연의 큰 선물이다. 대전시는 1982년에 당시의 TJB 대전방송국 뒤편 천동과 석교동을 잇는 천석교 아래 돌다리를 재현하고 푸른 대전천시비를 세웠다. 시비의 시는 신협(충남대 명예교수) 시인이 썼고 누구나 쉽게 이해할 수 있는 내용으로 되어 있다. 줄여서 말한다면 푸른 대전천 가꾸기의 열망이며 복된 삶과 평화로운 환경을 꿈꾸는 시심의 확산인 것이다. 여기 비문을 함께 소개한다.

그런데 지금은 하상도로, 주차장 건설 등으로 인하여 하천의 대부분이 콘크리트로 덮여 있다. 푸른 대전천 시비는 시도 비문도 전혀 알아볼 수가 없다. 30년도 못 견디고 흉물이 되어버렸다. 문화나 예술의 생명력은 이런 것이 아닐텐데…. 여기 소개한 '시'와 '비문'은 신협 시인이 제공한 활자원문에 의한 것임을 밝힌다.

3. 비둘기사랑시비

비둘기

시 최원규　　글씨 이곤순

순하게 내리는 햇살 속에서
부드러움이 가득한 날개
포근한 달같이 사랑을 주소서
하늘의 해를 바라 고요히 빛나는 눈빛
꽃같은 슬기를 주소서
누리를 향해 일렁이는 숨결
열매같은 믿음을 주소서

이 고장 시민을 위해 비둘기집을
짓고 이 비석을 세우다
1984. 10.
선양주조주식회사

옛날부터 비둘기는 길조였고 사람들은 그 비둘기를 평화의 상징으로 내세웠다. 더불어 사람들은 금슬 좋은 구구 비둘기를 말하기도 하고 효(孝)의 상징으로 흰 비둘기를 떠올리기도 하였다. 우리 속담과 같이 「비둘기는 콩밭에만 마음이 있다」고 하여 먹는 데에만 신경 쓰는 부정적 견해의 비둘기도 있다. 그러나 프랑스 시인 아뽈리네르(G.Apollinaire 1880-1918)의 「비둘기」를 음미하면 '비둘기여, 예수를 낳게 한 사랑이여'라는 시구가 티없는 마음을 낳게 한다. 그러한 비둘기가 보문산에 태어났다.

대전의 유망기업체인 선양주조주식회사가 1984년 10월에 보문산 공원 야외음악당에 이 고장 시민을 위해 비둘기집을 지어주고 기념시비를 세웠다. 우리 고장 최고시인 중 한 분인 최원규 시인이 시를 지었고 역시 우리 고장 최고서예가 중 한 분인 이곤순 님이 글씨를 썼다는 것을 생각하면 시비가 단순하고 빈약하다는 것이 흠일 수 있을 것이다. 그러나 내용이 빛나고 있음을 잊을 수는 없는 일이다. 그것은 곧 「비둘기」를 통해 소망하는 우리들 '사랑'과 '슬기'와 '믿음'이 번쩍이고 있다는 것이다. 그것도 포근한 달 같은 사랑, 빛나는 눈빛의 꽃 같은 슬기, 일렁이는 숨결의 열매 같은 믿음이라 하였으니 어찌 그 비둘기, 그 시심을 가슴에 담지 않을 수 있으랴.

최원규 시인은 공주 출신으로 한국문인협회 충남지회장, 대전시인협회장, 한국시문학회장 등을 역임하고 현재 충남대학교 명예교수로 있으면서 창작활동에 열중하고 있다.

2013년 7월 29일 시비 답사팀이 다시 찾았을 때 이 시비도 비둘기집도 보이지 않았다. 대전광역시 대사지구자연생태복원사업으로 인하여 공원관리사업소가 보관하고 있었으며 비둘기집은 이미 철거되었다. 결국 이 시비는 보문산 사정공원 박용래 시비 부근에 복원될 것으로 보고 있다.

4. 대전국립묘지준공기념비 (大田國立墓地竣工記念碑)

국립대전현충원 호국관

이 나라를 지키고 키우고 늘리기 위해
목숨을 다해 애쓰시다가 가신 이들
인제는 여기 계룡산에 묻히시어
푸른 하늘의 넋으로서만 우리 미래를 지키시나니
여기를 지나는 이 겨레의 남녀노소들이여!
침묵 속에 울려오는 이 분들의 당부를
우리는 한 때라도 잊어서는 아니 될 지니라

1985년 11월 13일
미당 서정주 짓고
일중 김충현 쓰다

〈뒷면〉

건설참여자

순국선열과 전몰 호국용사의 영원한 안식처인 이곳 호국공원묘지 건설에 참여하여 숭고한 사명감을 가지고 온갖 정성과 노력을 바친 이들의 이름을 새겨 길이 전한다.

1985. 11. 13.
국방부장관 윤 석 민

국방부

전임장관 (서종철, 노재현, 주영복)
차 관 황인수(이민우, 김용휴, 조문환, 박찬긍, 권영각)
차 관 보 (건설자문위원장) 차성호(민경중, 유병화, 전형일, 강경순, 이범천, 황관영)
인사국장 박용직(한영규, 전윤수)
인사근무과장 구자원(구자광, 박규종, 이승남, 신호철)
근무담당 박헌옥
건설자문위원 박종식, 강법명, 윤석우, 강명석, 국응용(전주식, 안병욱, 한상우, 문희갑, 정 탁, 조성록)
전문자문위원회
고 문 이병도, 이은상, 한갑수, 이진섭, 지창룡,
위 원 강봉진, 이일영, 오휘영, 민경현, 윤국병, 이구열
국립관리소
소 장 황광현(이주호)
대전분소장 장지열(김인택)
관리과장 신명성
전례과장 강인원
담 당 이용식, 모규연, 임형빈, 전용하, 이방우

대전국립묘지 건설본부

본 부 장 정하삼, 남봉구
차 장 도인환
국 방 부 조달본부
본 부 장 이창구(곽노철)
건설국장 차동열(김지원, 최철규)
설계과장 이용석(남수환, 양민호)
공사과장 이종휴(이유원)
감 독 관 김석휘(김병규, 박동하, 허병무)
담 당 박영준, 차재득, 윤성중, 박근실, 김동진, 김극용, 정승배, 구자억, 손희석, 노우택

시공회사 현장소장
김충선(동아), 최봉래(우창), 이재홍(공영), 함재근(남산), 조성학(에덴), 배수한(명동), 구기명(종합조경), 이성옥(상우), 배남곤(대한)

〈좌측〉

사업추진경위

- 74. 12. 16 대통령각하 중부지역에 국립묘지 설치 하명
- 75. 2.~10 후보지 답사 선정
- 76. 4. 14 선정결과 대통령 보고, 현위치 재가
- 76. 6.~10 기준지가고시 및 기반조사 실시
- 77. 4. 6 부지매입 및 보상업무 개시
- 78. 2. 3 대전국립묘지 건설본부 설치
- 78. 8. 19 건설종합 기본계획 대통령 재가
- 79. 4. 1 제1차년도 건설공사 착공
- 79. 8. 29 국립묘지관리소 대전분소 창설
- 80. 3. 24 제2차년도 건설공사 착공
- 81. 2. 1 건설본부 해체, 국방부 조달본부 건설임무 승계
- 81. ~ 85 제3차년도~7차년도 건설공사 시행
- 82. 8. 27 사병묘역 최초 안장
- 85. 2. 28 장교묘역 최초 안장
- 85. 9. 24 경찰관묘역 최초 안장
- 85. 11. 13 준 공

〈우측〉

사업개요

ㅇ 사업기간 1977. 4월 ~ 1985. 10월 (8년 7개월)

ㅇ 시설규모

부지면적 3,260,000m2 (988,000평)

묘 역 1단계 완료 84,000평 54,340기

(2단계 계획 115,800평 83,120기

건 물 현충관 외 34 동 연 3,140평

조 형 물 현충탑 외 4 점

보 차 도 연 47,300평

조 경 수목 223,990본, 잔디 148,400평 식재

ㅇ 사업비 231억원

ㅇ 시행청 국방부 국립묘지관리소

ㅇ 발주청 대전국립묘지 건설본부 (1978.2.3~1981.2.1)

국방부 조달본부 (1981.2.2~1985.11.13)

ㅇ 종합기본계획설계

남산미술원(조형물) 우대기술단(토목) 국보건설단(건축) 한국종합조경(조경)

ㅇ 시공회사

남산미술원(조형물) 동아건설 우창건설 공영토건 (이상 토목, 건축)

한국종합조경 에덴녹화 명동화원 상우조경 대한조경 (이상 조경)

국립대전현충원은 나라를 위해 생명을 바친 호국 영령들의 넋을 기리고 민족정서를 함양하는 묘역공원으로 유족은 물론 수많은 관람객이 끊이지 않는 민족의 성역이다.

1976년 4월에 유성온천에서 3Km정도 떨어진 계룡산 국립공원 방향의 현 위치를 선정하고 1979년 8월에 국립묘지관리소 대전분소가 창설되었으며 1985년 11월 13일 대전국립묘지로 준공이 되었고 1996년 6월 1일자로 현재의 명칭 국립대전현충원으로 변경이 되었다.

여기 「대전국립묘지준공기념비」는 미당 서정주(未堂 徐廷柱) 시인이 시를 짓고 일중 김충현(一中 金忠顯) 선생이 글씨를 썼다. 호국 영령들의 넋으로 울려오는 나라지킴의 당부를 잊지 말자는 소박하지만 절절한 내용이다.

서정주 시인(1915-2000)은 조선대, 서라벌예대, 동국대 교수를 역임했고 또한 예술원회원, 한국현대시인협회 회장 등을 역임했으며, 화사(花蛇), 귀촉도(歸蜀道), 신라초(新羅抄), 동천(冬天), 국화 옆에서 등 많은 국민 애송시를 남긴 대한민국 최고 시인 중 한 분이다. 김충현 선생(1921-2006)은 국전심사위원, 한국서예가협회 대표위원, 동방연서회 이사장 등을 역임한 대한민국 서예의 독보적 존재로 4·19의거탑 묘비명, 권율 도원수 행주대첩비명, 이충무공 한산도 제승당비명을 비롯해서 유관순, 윤봉길, 김구, 손병희, 이상재 선생 묘비명, 사육신 묘비명, 소월시비(서울) 등 주요 기념 서예작을 남긴 분이다.

두 분의 명성과 더불어 역사를 살피고 현충의 뜻을 되새기는 의의를 지니고 있다는 입장에서도 호국관 옆에 위치한 이 기념비는 참으로 주요한 작품이다. 그런데 이 기념비의 글씨를 알아볼 수 있도록 전문가의 손질을 거쳐야 한다. 관계관의 관심을 촉구한다.

5. 모윤숙호국선양시비

대전광역시 유성구 계룡로1558 (갑동 산23-1)
국립대전현충원 - 사병 제1묘역

글 : 모윤숙

「국군은 죽어서 말한다」 중에서

글 씨 : 소헌, 정도준

건립일 : 1990년 12월 31일

국군은 죽어서 말한다

모윤숙

나는 자랑스런 내 어머니
조국을 위해 싸웠고
내 조국을 위해
또한 영광스러이 숨지었노니

여기 제 몸 누운 곳
이름 모를 골짜기
밤이슬 내리는 풀숲에서
아무도 모르게 우는 나이팅게일의
영원한 짝이 되었노라

조국이여 동포여
내 사랑하는 소녀여
나는 그대들의 행복을 위해 간다

국립대전현충원에는 묘역 곳곳에 30여개의 기념비가 서 있다. 이은상, 이효상, 모윤숙, 서정주, 조지훈 등 우리나라 우뚝한 시인들의 이름이 보인다. 빗돌의 새김글은 대부분 제목도 출처도 밝히지 않은, 호국경구문에 해당한다. 글의 내용을 떠나 형식면에서 시비로 간주할 수 있는 것은 모윤숙의 「국군은 죽어서 말한다」와 서정주의 「대전국립묘지 준공기념비」일 것이다. 「모윤숙호국선양시비」라고 명명하며 먼저 살펴본다.

모윤숙(1910-1990)은 함경남도 원산 출신으로 호수돈여고를 거쳐 이화여전 영문과를 졸업하고 경성제대 영문과를 수료한 시인, 정치가, 외교관으로서 호는 영운(嶺雲)이다. 1933년 처녀시집 『빛나는 지역』이후 『옥비녀』(47), 『풍랑』(51), 『정경』(59), 『구름의 연가』(63), 『풍토』(70), 『모윤숙시전집』(74) 등 많은 시집과 수필집, 소설집 등을 발행했으며 특히 일기체 산문집 『렌의 애가』(37)는 50판 이상을 발행한 장기 베스트셀러였다.

해방 이후 그는 문단 뿐만아니라 정계와 외교계에서 활약하였는바 한국자유문학가협회 시분과 위원장, 문총최고위원, 유엔총회한국대표, 국제PEN클럽한국본부회장, 한국현대시인협회 회장, 제8대 전국구 국회의원, 국제PEN클럽서울대회 준비위원장, 예술원 회원, 문학진흥재단 이사장 등을 역임했다.

대한민국예술원상(67), 국민훈장 모란장(70), 3·1문화상(79) 등 영예로운 상을 다수 받았고 사후에 금관문화훈장(91)이 추서되었다.

여기 〈국군은 죽어서 말한다〉는 시집 『풍랑』(51)에 들어있는 90여행 장시로서 부제 형식으로 -나는 광주 산곡을 헤매다가 문득 혼자 넘어진 국군을 만났다-는 말이 제목 밑에 붙어 있으며, 끝에는-1950년 8월 그믐 광주산곡에서-라고 쓰여있다. 6·25때 생산된 작품임을 쉽게 알 수 있으며 전쟁에서 죽은 젊은 장교의 모습을 통해 민족의 아픔을 애국애족으로 형상화한 것임을 알 수 있다.

6. 섬잣나무찬미시비

대전광역시 중구 선화동 대전중앙초등학교 교정

〈시비아래〉

섬잣나무

이 나무는 우리 학교의 교목입니다

이 나무는 1950년 현 교사로

이전하면서 심어졌습니다

우리는 이 나무의 높은 기품과

푸른 기운을 본받아야 되겠습니다.

〈뒷면〉

대전중앙초등학교

입학기념기증

1991년 10월

유정민 최지상

섬잣나무

유동삼

먼 바다 모진 바람
차곡차곡 다듬자고

둘도 셋도 모자라서
다섯 잎 촘촘 차려

하늘땅
더 돋보이게
푸릇푸릇 서있다

추위도 참고 나면
따뜻한 봄이 오고

뙤약볕 더울 제면
밤이슬로 식히면서

큰 뿌리
줄기와 함께
서로 아껴 자란다

섬잣나무는 소나무과에 속하는 늘푸른나무이다. 줄기가 곧고 굵으며 높이 자라고 비교적 위쪽에서 가지가 퍼지는 유형의 교목(喬木)에 속한다. 잎은 바늘 모양으로, 우리말 그대로 바늘잎, 또는 침엽(針葉) 침상엽(針狀葉)이라 하며 한 줄기에 다섯 개가 촘촘히 붙어 있고 뒷면에는 흰 줄이 있다. 잣나무에 비하여 열매가 작고 산간 지역에 많이 나는데 울릉도 일본에까지 분포되어 있는 것으로 알려져 있으며 목재는 건축재 및 도구재로 쓰이고 있다.

이 섬잣나무가 곧 대전중앙초등학교의 학교 나무로 지정이 되어 이 나무의 높은 기품과 푸른 기상을 본받도록 교시(敎示)한다는 의미로 학교에 그 나무를 심고(1950년) 시비를 세운 것이다.(1991년 10월)

모진 바람 다스리고 다섯 잎을 자랑하며 언제나 푸르게 서 있는 어엿한 기질과 추위(고난)도 뙤약볕(역경)도 이겨내고 서로 아끼고 도우며 사는 상부상조의 믿음과 협동정신을 이 시에 심은 것이라 여겨진다.

학생들의 감성을 자극하고 정서를 순화하는데 크게 도움이 될 것이며 마침내 섬잣나무의 성정(性情)과 자신을 동일시하는 효력을 거둘 수 있을 것이다.

이 시를 쓴 유동삼 선생은 평생의 교육자요 우리 고장의 자랑스런 시조시인으로서 미수(米壽)를 넘어 여전히 작품 활동에 투혼을 보여 주고 있다.

7. 지산임달규선생상 (志山林達圭先生像)

대전광역시 동구 용운동 대전대학교 지산도서관 앞

頌詩

열린 뜻 소망과 보람
빛나는 象牙의 탑 세우시고
홰 치는 새벽 증언하시다
겨레의 가슴 불 밝히시다

푸른 넋 사명과 지혜
뜨거운 知性의 꿈밭 일구시고
배움 뜻 진한 목소리 높이시다
조국의 정기 꽃 피우시다

志山 林達圭선생은 1931년 3월 12일 慶尙北道 聞慶에서 나셨다 선생께서 대전에 惠化堂韓醫院을 여시고 널리 병약자를 구제하시매 活人醫術의 높은 명성을 얻으셨다 1980년 평생의 정재를 쾌척하시어 민족사학 대전대학교를 세우시니 이는 학문을 창달하고 젊은 인재들을 양성하여 敎育立國의 큰 뜻을 펴고자 하심이다 선생이 가신지 일곱 해 되는 개교 15주년 기념일에 선생을 흠모하는 사람들의 성금으로 여기 새울의 언덕에 선생의 흉상을 모신다

1995년 10월 30일

志山 林達圭先生 追慕事業會 會長 吳應準

朴炳熙 彫刻　金容材 謹頌　鄭台喜 謹書

버지니아 출신 제퍼슨(Jefferson, Thomas:1743-1826)은 주지사, 하원의원, 국무장관, 부통령을 거쳐 미국의 제 3대 대통령(재위:1801-1809)이 되었고 미국 민주주의의 아버지이며 신문자유의 위대한 수호자라 할 만큼 명성이 높았다. 더불어 그는 천재적인 문장을 구사하여 독립선언문을 기초하였고 미국의 수도를 워싱턴으로 옮겼으며 버지니아대학 총장을 지낸 일로도 유명하다. 그러나 그는 「나의 묘비에는 대통령을 지냈음을 기록하지 말고 버지니아대학의 설립자임을 기록하라」고 유언을 남겼다. 대학설립의 큰 보람과 위대한 뜻을 본보기로 다시 새겨보자고 남의 이야기를 앞세워 본 것이다.

지산 임달규(1931-1988)선생은 평생의 재산을 바쳐 대전대학교를 설립하신 분이다. 한의사였으며 경희대학교 한의과대학 외래교수를 역임하였고 평생 봉사활동을 하셨을 뿐이다. 대학을 세워놓고 대학의 총장도 하지 않으셨고 대학재단의 이사장도 하지 않으셨다. 직접 자신이 내세운 건학이념, 「국가발전」「문화창조」「사회봉사」의 실현을 위한 뒷바라지에 온갖 정성을 다 기울이셨다. 보통사람들의 생각을 뒤집는 일이었다. 그리고는 선친 해운공(임광숙 님)의 시를 모아 『海雲公詩集』(1983)을 발간하였고 조부 연석공(임영상 님)의 글을 모아 『然石遺稿』(1984)를 발간하였다.

그 분의 인격과 생활철학이 범인으로서는 따르기 힘든 고매한 것이었기에 대전대학교에서는 지산임달규선생추모사업회를 결성하고 1995년 10월에 志山林達圭先生像을 세운 것이다. 박병희 교수(한남대)가 조각을 하고 필자가 송시를 썼으며 정태희 교수(대전대)가 글씨를 썼다. 1999년 3월에는 선생의 전기 『志山林達圭-낮춘 삶, 큰 자취』가 출판되었다.

8. 대전사랑시비

대전광역시청 내

아! 대전아

장암 지헌영

아 ! 나의 대전아
자랑혼 공주 한밭 산수(山水)
겁겁으로 헤아릴 허스로이 옛날에
스사로이 있었던 한밭아 !

새벽녘 하늘에 샛별이 돋고
이윽고 먼동이 트면,
흑색 식장(食藏)이 후억진 머리 들어
옥계(玉溪).중계(中溪대전천)에 고요가 겹쳤으리.

먼 종소리 은은히 흐른 벌판으로
포소리 사이로 생존이 헐어져 있어도
촉촉히 꽃잎엔 이슬이
가지 가지의 가만한 입김에
가슴마다에, 고마운 안들에
님의 뜻이 그대로 감싸여 있다. (중략)

아 ! 대전아
무명 조상의 넋들이 지성(至誠)이 어린 땅
피와 땀의 자국이 선한 산하
역사의 향기조차 곳곳에 서린 내 고향

살아 있기로 살아야겠기에
어허, 인정(人情)은 진한 냄새이기에
굶주린 눈물진 어버이의 조린 허리여
하다가 흉(凶)하야
시혹, 역질의 맹독에 놀라
아이고 땅을 치던 터뜨린 울음…….

〈뒷면〉
조소 남철 글씨 이곤순
1999년 12월 일

갈다, 일으키다 몰려간 이름없는 이들
주인 잃은 무덤이 골골에 넋두리 한다.
아 ! 산에 들에 배인 피땀의 자욱
눈물의 흔적…….「개척」
다시나 더러힐가 영(靈)이 혼(魂)이
고시레 ! 새날이 지새고 지샜다. (중략)

아 ! 나의 대전아.
불굴한 식장의 자세, 홀(笏)안은 보문(寶文)의 정의(情誼)
담청색 금병산(錦屛山)
국사(國師). 망덕(望德)이 주춤, 갑화(甲華).우산(牛山)의 비상
영기(靈氣)는 계룡(鷄龍)을 돌아, 대둔(大屯). 서대(西臺)에
마주 보아 안아드리어 다사한 나날이여 !

중계. 버드내. 살내의 물은 겁겁으로
닦어, 흘러 나려…… 하얀 달이 지면
새날이사 솟아오리.

아 나의 사랑 대전아 !
스스로이 아릿다이 있을.

장암 지헌영(藏菴 池憲英:1911~1981) 선생은 대전에서 태어나 대전공립중학교를 졸업하고 연희전문에서 수학하였다. 항일운동으로 투옥(1932)된 바 있으며 박학다식한 국문학자로서 전주 명륜대 교수, 충남대 교수를 역임하였고 호서문학회 대표, 대전일보 사장, 한국언어문학회 회장 등을 역임했다. 〈향가여요신역〉〈장암 지헌영선생 환갑기념 논총〉〈장암 지헌영선생 고희기념 논총〉등 저서와 괄목할 만한 논문이 많이 있으며 보문산 사정공원에 '장암 지헌영선생 학덕비'가 세워졌다.

대전사랑 시비에 새긴 '아! 대전아'는 그의 필생의 역작으로 어렵지만 대전에 대한 지극한 애정과 낭만이 배어있는 작품이다. 골마다의 옛 이름과 더불어 역사의 향기, 인정의 진한 냄새, 불굴의 정의(情誼)가 달빛에 넘겨보는 어머니 속적삼처럼 아련하게 마음에 닿는다.

'시인을 위해 시를 쓰지 않았다'거나 '내가 시를 쓰면 대부분 시인들은 설 곳이 없을 것이다'라는 선생의 농담 같은 말씀은 생전에도 사후에도 많은 문인들이나 지인들의 입에 오르내리는 진담이 되었다.

시인으로써의 선생의 품위를 올려볼 수 있는 또 하나의 근거가 될 것이다.

9. 애국지사 설창수의 묘

국립대전현충원 애국지사 묘역 (721호)

무궁 속을
꿰뚫어 흘러 있고
死生의 뿌리에서
살아 있는 하나
파도여
낙락한 벼랑이여
못 가운데 하나인
나의 나라

– 자작시 「호국상명」 全文 –

〈애국지사 묘역 721호〉

一九一六년 一○월 八일 경남 창원에서 出生

一九九八년 六월 二六일 경남 진주에서 逝去

一九四二 일본대학 예술학원 재학시 항일
　　운동으로 피체· 징역 二년 형을
　　언도받고 옥고를 치름

一九四九 한국 최초의 예술제인 개천예술제
　　창시

一九五二 경남일보 주필겸 사장

一九六○ 참의원 의원 예총대표의장

一九九○ 광복회 부회장 겸 경남 지부장

一九九二 국제P.E.N.한국대표

賞勳 건국훈장 애족장 은관 문화훈장
　　예술문화문학부 대상
　　향토문화 대상 인간 상록수

著書 (설창수 문학전집) (개페교)

夫人 김보성
　子 봉규 子婦 이효숙
　　준규 김숙희
　女 호정 壻 김 철
孫子 진원
孫女 안아 연주 연지
外孫 김진성 김송이

설창수(薛昌洙 1916-1998) 선생은 경남 창원 출신 시인으로 호는 파성(巴城)이며 니혼대학 예술학부를 중퇴하였고 재학시 항일운동으로 2년간 옥고를 치루었다. 해방 후 경남일보 주필(16년), 사장(10년)을 역임했으며 문교부 예술과장, 참의원 의원 등을 지냈다.

1947년 동인지 〈등불〉에 시 창명(滄溟) 외 3편을 발표하며 문단활동을 시작하였고, 〈등불〉은 초기 4집을 발간한 다음 영남문학회 조직과 함께 영문(嶺文)으로 개제하여 18집까지 발행했다. 더불어 전국의 각종 문예지에 작품 발표를 열심히 하였으며 제29차(57) 및 제37차 국제펜대회 한국대표로 참여하기도 했다. 시집 『삼인집』(1952), 『설창수시선』(1976), 『설창수전집』(1986)과 에세이집 『성좌(星座)있는 대륙』(1960) 등 괄목할 만한 저서를 남기고 있다.

이상덕 시조시인의 제보로 애국지사 문석부의 묘(763호)를 찾다가 우연히 발견한 애국지사 설창수의 묘(721호)에서 애국시 「호국상명」을 읽는 감회는 현지 일행만의 것이 아니었을 터, 의미의 깊이와 가치의 넓이는 무더위보다 더 큰 힘을 지니고 있는 것이었다.

10. 노스탈지아 조각상 – 충청체신청

대전광역시 서구 둔산1동 충청체신청 옆
작품명 : 노스탈지아 윤명숙 작 2002. 5.

즐거운 편지

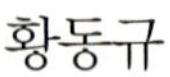

1.

내 그대를 생각함은 항상 그대가 앉아 있는 背景에서 해가 지고 바람이 부는 일처럼 사소한 일일 것이나 언젠가 그대가 한없이 괴로움 속을 헤매일 때에 오랫동안 전해 오던 그 사소함으로 그대를 불러보리라.

2.

진실로 진실로 내가 그대를 사랑하는 까닭은 내 나의 사랑을 한없이 잇닿은 그 기다림으로 바꾸어버린 데 있었다. 밤이 들면서 골짜기에 눈이 퍼붓기 시작했다. 내 사랑도 어디쯤에선 반드시 그칠 것을 믿는다. 다만 그때 내 기다림의 姿勢를 생각하는 것뿐이다. 그 동안에 눈이 그치고 꽃이 피어나고 낙엽이 떨어지고 또 눈이 퍼붓고 할 것을 믿는다.

대전광역시청 북문 건너편 지하철역 옆에 또 하나의 우람한 건물, 충청체신청 둔산우체국이 있다. 체신청 건물 옆 조그만 쉼터에 2002년 5월 2일에 준공한 윤명순 작 「노스탈지아」라는 현대식 조각품이 있고 그 조각품의 몸체에 황동규 시인의 주요작품으로 알려진 「즐거운 편지」가 새겨져 있다. 조각과 시가 한 가슴에 담긴 참 좋은 시도임을 알 수 있다.

황동규 시인은 서울대학교 영문과 교수로 퇴직한 엘리트 시인이며 우리나라의 이름난 소설가 황순원 선생의 맏아들이기도 하다. '세련된 감수성과 지성을 바탕으로 한 견고한 서정의 세계를 노래해' 독자들로부터 많은 사랑을 받고 있다. 현대문학상(1968), 한국문학상(1980)을 비롯해 여러 차례 문학상을 받고 『열하일기』(1972), 『삼남에 내리는 눈』(1975) 등 시집을 비롯 시론집 산문집 등 수많은 저서를 펴냈다.

여기 「즐거운 편지」 속에는 나와 그대가 있고 그대를 생각하는 진실의 사랑이 담겨있다. 사랑은 한없는 기다림과 잇닿아 있고 기다림은 또 한없는 사랑과 잇닿아 있다. 그러나 사랑도 어디쯤에선 반드시 그칠 것이지만 그때 기다림을 생각하고, 기다림이 끝난다면 다시 사랑의 진실을 키울 수 있는 여유가 있다. 시인은 그 여유를 자연의 순리와 같은 믿음으로 키워낸다. 그래서 편지는 사랑이며 기다림이며 믿음일 수 있는 것이다. 전자통신매체가 오늘처럼 그렇게 발전을 거듭한다 해도 우체국은 아직 붐빈다. 편지의 그리움 때문일 것이다.

11. 경로헌장비

대전광역시 서구 탄방동 대전서구노인종합복지회관 내

敬老憲章

老人은 우리를 낳아 기르고 文化를 創造 繼承하며 國家와 社會를 守護하고 發展시키는데 공헌하여온 어른으로서 國民의 尊敬을 받으며 老後를 安樂하게 지내야 할 분이다

그러나 人口의 高齡化와 社會構造 및 價値觀의 變化는 점차 老後生活을 어렵게 하고 있다

우리는 固有의 家族制度 아래 敬老孝親과 隣保相助의 美風良俗을 가진 國民으로서 이를 發展시켜 老人을 敬愛하고 奉養하여 老後를 즐길수 있도록 老人福祉 增進에 精誠을 다해야 한다

저희 西區老人福祉會館은 1997年 3月 15日 開館 이래 今年 2003년 3月 15日 開館 7周年을 맞이하여 어른을 恭敬하는 社會風土를 造成하기 위하여 敬老憲章을 세워 아름다운 세상을 만들려고 합니다

아름다운 세상을 만들려면 어르신과 어르신들을 모시는 분들의 관계에서 아름다운 관계를 만들어야 합니다 尊敬받을 準備가 되어있는 어르신의 行動이 되고 尊敬할 마음가짐이 되어있는 子孫의 道理를 깨달아야 할 것입니다 그러한 노력을 先行함으로서 서로간의 갈등이 없는 살기좋은 福祉社會와 家庭이 되기를 誓願하며 이碑를 세우기까지 協助를 아끼지 않으신 大淸 라이온스클럽 柳濟國會長 님과 全會員들게 感謝를 드리며 이 碑를 세웁니다

서기 2003년 3월 15일
曹溪宗社會福祉財團
西歐老人綜合福祉會館

館長 道永
副館長 慧光 合掌

〈뒷면〉

大靑 라이온스클럽
雪松 崔源龜 書

내일을 꿈꾸기

구상회 지음

이 한밭 한복판에
도산의 푸른 품에 안겨
꿈 한아름 짓는 여기 복지회관
큰 등불 빛 높이 걸었으니

지난봄 피어났던 꽃이나
한 여름날 무성했던 잎이며
가을날 그리도 풍성했던 열매들
석양빛 낀 놀에 새겨두고

한소망을 한가슴에 모아
손길 곱게 다듬고 정성들여서
더 밝고 생기에 찬 내일로
새 삶의 꿈을 피세

우리의 한말씀 한 자국이
후세의 길 밝힐 등불이 되리니
마음닦아 새옷을 갈아입고
다함께 복덕을 지으세

서구 탄방동 남선공원에는 만회 권득기(晩悔 權得己 : 1570-1622) 선생과 그의 아들인 탄옹 권시(炭翁 權諰 : 1604-1672)선생을 추모하기 위하여 세운「도산서원」이 있고 고려조 농민해방운동의 본보기로 알려진「명학소(망이·망소이)민중 봉기 기념탑」이 세워져 있다. 공원의 서쪽 입구에는 대전 서구노인복지회관이 있고 회관 내 산쪽에 인접하여「경로헌장비」가 세워지고(2003. 3. 15) 그 비의 뒷면에「내일을 꿈꾸기」라는 시 한 편이 새겨져 있다. 구상회 시인의 작품이다.

이 지역의 옛 이름은 숯뱅이(炭坊)였고 산은 도산(道山)이었으며 그 산에서 제일 우뚝한 봉우리가 남선봉(南仙峰)이라 하였는데 안동권씨 문헌에는 남선(南仙)이 아니라 람선(覽仙)이라 하여 '신선처럼 앉아 세상을 본다'는 의미로 새기어 왔다고 한다.(1997. 대전서구문화원 발행『서구의 마을 유래』참조)

시인은 한밭 한복판, 이 곳 도산의 푸른 품을 시의 무대로 설정하고 '한 소망을 한 가슴에 모아' '더 밝고 생기에 찬 내일로 새 삶의 꿈을' 펼치자고 미래지향적 심상을 드러내고 있다.

그리고 '마음 닦아 새 옷을 갈아 입고' 후세의 등불이 될 복덕을 짓자고 희망적 메시지를 전하고 있다. 어렵고 힘든 시대일수록 정신적 각성제로서의 시의 함축적 의미를 멀리 할 수 없을 것이다.

구상회 시인은 충남 벌곡 출신으로 성균관 대학을 졸업하고 40년 가까이 교직생활을 하였으며 대전충남중등교장회 회장, 충청불교문인협회 회장, 한국불교문인협회 부회장 등을 역임했다. 팔순 연륜임에도 열렬하게 작품활동을 하고 있다.

12. 순직교도관추모비

대전광역시 유성구 대정동 대전교도소 내

취지문

교정교화를 위해 헌신하신
숭고한 영령이 고이 잠드시니
세월이 흐를수록 님 들이 남긴 공은
찬란한 교정의 꽃이 되어
영원한 빛으로 승화 하소서

2004. 10. 28
대전교도소장 김현태

殉職矯導官追慕碑

구봉산 남녘 하늘을 바라
고운 햇살 솔솔 내리는
여기, 대정동 교화의 뜰에
순직한 교도관, 영령 들의 뜻을 새겨
정성어린 추모의 비 세우나니
바람 불고 눈비 오는 먼먼 날에
그 이름 깎이지 않고
굽은 사람 바르게 인도한 거룩한 정신
흔들리지 않고
때 묻은 손 씻어 주신
눈물겨운 공훈을 기려
저 찬연한 별빛으로
길이 빛나게 하소서
크신 은총속에 고이 잠드소서.

〈뒷면〉

대전교도소 순직자 명단

직급	이름	순직일	직급	이름	순직일
교사	김수복	(6.25당시 순직)	교사	신정호	(1995. 8. 20 순직)
교도	강명재	(6.25당시 순직)	교도	김종구	(1957. 6. 28 순직)
교도	김동필	(6.25당시 순직)	교도	정순천	(1961. 12. 6 순직)
교도	김영각	(6.25당시 순직)	교도	박관규	(1963. 5. 9 순직)
교도	김윤환	(6.25당시 순직)	교사	김태준	(1992. 10. 29 순직)
교도	김진원	(6.25당시 순직)	교위	윤석현	(1997. 1. 29 순직)
교도	민선식	(6.25당시 순직)	교위	노구환	(1997. 6. 27 순직)
교도	백광흠	(6.25당시 순직)	직훈교사	이재석	(2002. 6. 6 순직)
교도	연상흠	(6.25당시 순직)	교위	이교욱	(2003. 3. 3 순직)
교도	오종수	(6.25당시 순직)	교감	김동민	(2004. 7. 15 순직)
교도	원용규	(6.25당시 순직)			
교도	이명훈	(6.25당시 순직)			
교도	이선우	(6.25당시 순직)			
교도	이원배	(6.25당시 순직)			
교도	전병우	(6.25당시 순직)			
교도	홍영복	(6.25당시 순직)			

〈좌측〉

후원자

강금실 전 법무부장관

대전교도소 교정위원회

백승억 홍성교정위원

장혜명 대전교정연합회장

하춘몽 교정중앙협회회장

대전교도소 직원일동

추모시 : 시인 이도현

글　씨 : 서예가 성준모

시공자 : 녹색조경 임기빈

〈우측〉

건립추진위원회

고　문 : 양봉태 법무부 교정국장
　　　　강귀근 대전지방교정청장

위원장 : 김현태 대전교도소장

위　원 : 장동원 경의성 송수대
　　　　임광기 안태규 김영권
　　　　이영수 최승룡 한본우
　　　　전종석 양회용 유철흠
　　　　박찬효 김영복 이희서
　　　　이기영 정희용 이방원

스위스 제네바 호수 동쪽 끝에 정치범수용소로 쓰이던 시온성(Chillon)이 있었다. 영국 낭만주의 대표적 시인 바이런(G.G.Byron : 1788-1824)은 1816년 셸리(P.B.Shelley :1792-1822)와 함께 이 성을 방문했다. 그리고 6년 동안 이곳에서 감옥생활을 한, 스위스 애국자이며 자유의 투사였던 보니바드(1493-1570)장군의 용감한 진보 정신을 떠올리며 「시온성소네트(Sonnet on Chillon)」를 썼다. 이 시에서는 "자유의 주거지는 자유를 위한 투사들의 심장이기에 / 자유는 속박할 수 없는 마음의 영원한 활력이며 / 그 자유는 감옥 속에서 가장 빛나는 것"이라고 했다. 우리나라 함석헌 선생은 자유의 알은 감옥에서 깨고 나온다고 했다. 인도의 수상을 지낸 세계적 정치가 네에루(Nehru : 1889-1964)는 감옥에서 자서전을 썼고 자기 딸에게 보내는 편지 형식으로 1,560페이지에 이르는 방대한 세계사를 썼다.

이처럼 감옥에는 자유의 혼이 있고 자유의 알이 있고 훌륭한 문학이 있고 방대한 세계사가 있다. 감옥서-감옥-형무소-교도소로 명칭이 바뀌어 왔지만 대전교도소는 1919년 5월 1일 대전감옥으로 개청을 했고 1984년 3월 20일 대전시 유성구 대정동 현재의 위치로 이전을 했다.

교도소는 바로잡을 교(矯), 인도할 도(導), 그 의미대로 교정교화에 최선의 힘을 기울여 수용자들을 건전한 사회인으로 복귀시키는데 노력하고 있으며 직업훈련 및 특별 활동에도 적극적으로 힘을 기울이고 있다고 한다.

이 교도소 안에 '눈물겨운 공훈'이 곧 '찬연한 별빛'으로 빛나도록 기원의 뜻을 담아낸 「순직교도관추모비」가 있다는 것은 참 아름다운 모습의 징표가 될 것이다. 추모시비라든가, 시의 제목이라든가, 시인의 이름 등을 한 곳에 나타내지 못한 아쉬움은 또한 사라지지 않고 있었다. 이 시를 쓴 이도현 시인은 대전충남에서 40여년 교육자(교장정년)생활을 하며 한국시조시인협회 이사, 가람문학회 회장 등을 역임했고 현대시조문학상, 한국시조문학상, 대전시문화상 등을 수상했으며 『선비의 머리카락』 등 많은 시조집과 저서를 남겼다. 지금도 대전 PEN클럽 회장을 맡아 문단활동을 왕성하게 하고 있다.

13. 명학소(망이·망소이) 민중봉기 기념탑

대전광역시 서구 탄방동 남선공원 내

명학소의 북소리

도완석

오늘
삼천동
둔뫼산에 올라보라
천년 한의
숨겨진
역사가 피어오른다.

탄촌이라
탄방동이라 했는가
숯뱅이골 처녀의
수줍음으로
피어난 들꽃이 소리친다.
어쩔거나
그것이 바람인걸...

지금도 허기져
잘려나간 산허리
흉물스런 길 가 앞엔
유유한
가는 물줄기

먼저 가신 님을
통곡하며
목메여
이끼로 남겨진
망이 처의 눈물
그 삼천리 갑또랑
오늘
그 갑내를 건너보자.

석양의 노을빛이
차가운 것은
동짓달
명학소에 울려 퍼진
북소리 때문이련가

아하!
망이, 망소이軍이
귀막고 사는
우리네 살림을 향해
외쳐 부르는
함성이겠지

어쩔건가

어찌할건가...
망국 흉상의 살림을
어찌 할건가!

이제
누가 명학소의
북을 울려줄꼬
지금도
그 때 그
바람이 불어올 때면
산행병마사라 불리던
망이의
쉰 목소리
펄럭이는 깃발되어
우리네
가슴으로
죄어온다.

오늘
둔지골
남선공원에
달이 뜨면
갑천 냇가로 달려가
모두의 가슴에
맺혀진 눈물을
소리쳐 흩날리자

둥둥둥
천년 전
그 북소리
울려퍼질 때 까지...

〈뒷면〉

명학소에 대한 고증내용

명학소!

가난하고 무식한 사람들이 하도 어렵게 살으니
학이 대신 울어줬다 하여 불려진 이름 명학소!
이 곳은 천민들이 모여 숯을 구워 내던 곳으로
본래 이름은 탄소라는 곳이었습니다.

"신증 동국여지승람"에 의하면,
명학소의 위치는
유성현에서 동쪽으로 10리 밖이라 했습니다.

유성현 관아가
지금의 체육고등학교가 있는
상대동 중골이었으므로

그 곳에서 동쪽으로 10리 거리라 하면,
그 옛날 숯병이라 불리우던 탄방동과
둔지미라 불리었던 지금의 둔산동이
바로 이곳 서구지역이라 할 수 있습니다.

이곳 명학도 사람들은
비록 천민의 신분으로 살았지만

나라에 대한 애국 애족하는 마음은 물론,
부모자식간에 삼강오륜의 덕목을 지킬 줄 아는
착한 사람들이었습니다.

단지, 이들에게 죄가 있었다면
무식하고 가난하게 살아왔다는 그 하나 뿐이었지요.
탐관오리의 수탈에 시달리고,
천민의 신분이 서러워 북을 치고 소리치니
이것이 바로 명학소의 북소리요.

– 『명학소의 북소리』 연극 까메오 (가기산 청장) 대사에서

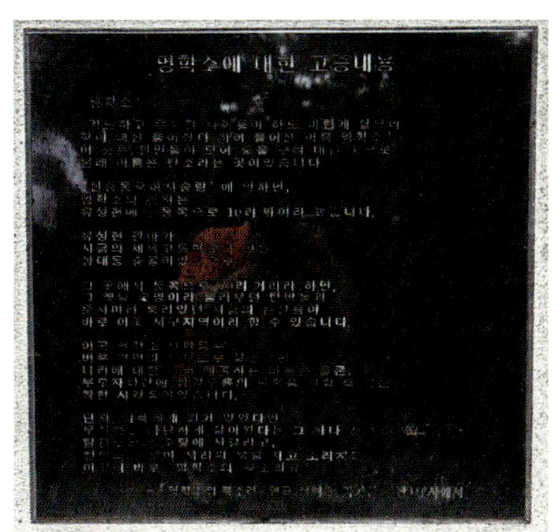

〈우측〉

명학소민의 봉기

명학소의 민중봉기는 고려 명종 4년(1174) 정중부 등의 무신들이 집권하여 수탈과 횡포가 심해지자 이에 항거하여 일어났다. 명종 6년(1176) 정월 망이·망소이 형제가 추종세력을 불러 모아 산행명마사라 자칭하고 공주를 공격하여 함락함으로써 시작되었다.

정부는 명종 6년 2월에 대장군 정황재와 장군 장박인으로 하여금 토벌케 하였으나 실패하자 6월에 망이의 고향인 명학소를 충순현으로 승격시켜 무마시키려하였다. 그러나 명학소민의 봉기는 그해 11월 공주·예산 지역은 물론 충주지역까지 세력을 뻗쳐 최전성기를 맞았다. 정부에서는 명종 6년 6월에 조위종의 봉기가 일단락되자 병력을 남방으로 집중시켜 12월 대장군 정세유와 이부를 좌도(충주)와 우도(예산)지역으로 나누어 토벌에 나섰다. 명종 7년(1177) 정월 망이·망소이는 정부에서 명학소를 충순현으로 승격하고 수령을 두면서 죄를 묻지 않겠다고 약속하자 정부군에 투항하였으며 이들은 곡식을 하사받고 고향으로 되돌아왔다.

그런데 정부가 그 약속을 어기고 다시 군사를 발하여 자신들의 처와 모를 잡아가두자 명종 7년 2월에 망이 등을 비롯한 명학소민은 다시 봉기하였다. 이들은 충북 진천과 경기도 여주까지 점령하고 개경까지 진격하여 정부를 정복하고자 하였다. 그러나 조정에서는 이를 받아들이지 않고 토벌을 감행하여 명종 7년 7월 망이·망소이 등을 잡아 청주옥에 가두었다. 이로써 1년 6개월에 걸친 명학소민의 봉기는 끝이 났다.

명학소민의 봉기는 농민운동 또는 천민해방운동의 성격을 가지고 있었다. 비록 이 봉기는 실패하였으나 폭압적인 무신정권에 대항하는 민중들의 항거에 시발점 역할을 하였으며 천민과 같은 대우를 받았던 향·소 ·부곡이라는 행정단위가 점차 소멸되는 계기를 마련하였다. 전근대 사회 민중운동의 선구적 역할을 하였던 것이다.

– 김갑동, 〈명학소민의 봉기〉 「서구문화총서」 제 15권에서 –

명학소의 민중봉기는 고려 명종 4년(1174) 정중부 등의 무신들이 집권하여 수탈과 횡포가 심해지자 폭압적인 무신정권에 항거하여 일어난 농민해방운동 또는 천민해방운동이다. 이 봉기는 고려 무신정권 이후에 일어난 하층민의 봉기 중 가장 규모가 컸던 것 중의 하나로 무려 1년 반이나 계속되었으며 이 봉기를 계기로 중앙에 특산물을 바치던 행정적 수탈행위가 점점 사라지게 되었다.

명학소(鳴鶴所)는 가난하고 배우지 못한 사람들이 너무 어렵게 사는 것을 학이 알고 대신 울어줬다 하여 붙여진 이름이며 오늘의 숯뱅이(탄방동) 둔지미(둔산동)지역으로 고증이 되었다. 이 봉기는 망이·망소이 형제를 중심으로 한 명학소민이 공주·예산으로부터 충주에 이르기까지 광범위한 지역을 장악한 역사적 쾌거였으며 대전지역 민중들이 역사의 흐름에 앞장선 모습을 보여준 본보기였다.

연출가 도완석 님이 연극 『명학소의 북소리』를 2004년 12월에 공연한 바 있으며 2005년 봄, 서구청(청장 가기산)에서 「명학소에 대한 고증내용」과 「명학소의 봉기」및 기념시를 별도로 새겨 넣고 우람한 기념탑을 세웠다.

14. 순흥안씨 가족묘원시비

대전광역시 유성구 구룡2동 산 51번지

흙

志松 安明鎬

귀를 가진 당신은 뭇바람을 재우다가 숨소리를 들으시고
눈을 가진 당신은 하늘빛을 담다가 눈(芽)을 티우시고
입을 가진 당신은 비눈물을 삼키다가 초목을 키우시고
코를 가진 당신은 꽃내음을 맡다가 열매를 익히시고
얼굴 없는 당신은 제모습을 그리다가 땅(土)를 가꾸시네

유성구 구룡2동 산51번지, 순흥안씨 가족묘원에 아담한 시비 하나 서있다. 안명호 시인의 제 3시집 『시골길』(1986)에 수록되어 있는 「흙」이 새겨져 있고 2005년 5월에 세운 것이다. 시인의 가족사를 대변하는 업적이지만 국제펜클럽한국본부대전광역시위원회의 이름으로, 시비의 공공성과 문화 예술적 의미를 더해주고 있다.

산길 입구에는 역시 안명호 시인의 시 「감나무골」(제4시집『고향바람』에 수록:1994)을 새긴 조그만 시비가 서 있고 휴식공간의 일월정(日月亭)이 있어 나그네도 한 몫, 교유할 수 있다.

새김시 「흙」은 의인화를 통해 흙의 지고지순(至高至純)한 순리를 형상화하고 있는 작품으로 '만물은 흙에서 나고 흙으로 돌아간다'는 세상살이를 회상하며 조상을 마주하는 기쁨도 누릴 수 있을 것이다.

「감나무골」은 고향과 가족과 자연과의 어울림이다. "아들들이 많았던 감나무골 / 팔형제집 마당은 늘 동네운동장이고 / 날마다 등피를 닦는 밤이면 / 토끼와 양떼울에 이상이 없다 / 늑대와 여우는 뒷산 골짜기에 운다"라고 쓴 시이다. 외딴 곳에 있지만 공리적 감정의 울 안으로 다가설 수 있을 것이다.

안명호 시인은 대전출신으로 《현대시학》을 통해 문단에 데뷔(1974)하였으며 교육계에 있으면서 향토적, 전통적 가치관의 새로운 의미를 환기시키는 미학적 시세계를 그려왔다. 이제 80의 연륜도 아랑곳하지 않고 건강한 문단활동을 하고 있다.

15. 애국지사 문석부의 묘

국립대전현충원 애국지사 묘역 763호

겨레의 큰 별

靑木 이상덕

3·1정신 이어받아
광복군 이끌면서

나라사랑 앞장서서
혼신을 다 바치어

겨레의
등불이 되신
임이여 영원하소서

〈애국지사 묘역 763호〉

一九〇八년 九월 一四일 함남 함흥
에서 出生

一九九八년 一二월 六일 서울보훈
병원에서 逝去

一九四五 중국 중경에서 광복군
총사령부에 입대하여
항일독립운동 전개

一九九〇 건국훈장 애족장 수훈

夫人 高仁愛

애국지사 문석부(文錫富) 선생은 1908년 9월 14일 함경남도 함흥에서 출생하였고 1943년 중국 중칭(重慶) 대한민국 임시정부의 광복군 총사령부 제1지대에 입대하여 정훈처 견습참모를 지냈으며 44년 이후 총사령부 본부에 근무하며 항일독립운동에 몸과 마음을 다 바쳤다.

1963년 대통령 표창, 90년 건국훈장 애족장을 받았으나 선생은 해방 후 귀국한 뒤에도 별다른 직업 없이 어렵게 생활했으며 부인(高仁愛 여사)이 타계한 뒤 하숙방 등을 전전하다 1998년 12월 6일 서울보훈병원에서 유족 없이 쓸쓸히 타계했다.

국가보훈처에서 그 해 12월 26일 임시로 나무비석을 세웠다가 2000년 6월 30일 현재의 비석을 세웠으며(애국지사묘역 763호) 2006년 3월 24일 이상덕 시인의 추모시를 새겼다.

이상덕 시인은 대전 출신으로 대전사범학교 및 충남대 국문과를 졸업하였고 평생 교직에 몸담고 있으면서 가람문학회 회장을 맡아 시조시 발전에 정열을 바쳤다. 80을 바라보는 연륜임에도 불구하고 건강하고 건전하게 문단활동을 하고 있다.

16. 대전동광초등학교 동문찬가비

동광 70주년 기념비 (앞면 · 2006)

동광70주년기념비
(글 · 김영훈)

우리의 모교 東光은 일제 침략 저항기인 1936.4.13 외남공립보통학교로 당시 조선 어린이 교육을 위해 문을 열었다. 1941.4.1 대전동광국민학교로 개칭하고 1996.3.1에는 대전동광초등학교로 교명을 다시 바꾸었다.

개교 이래 이 고장의 어린이들이, 어른이 되어 행복한 삶을 추구하며 자아실현을 할 수 있음은 물론 널리 이웃을 이롭게 할 수 있는 인격을 갖추며, 사람다운 사람으로 거듭나게 하기 위해 기초 기본 교육을 베풀어 왔다.

이러한 숭고한 뜻으로 우리의 東光이 초등 교육을 시작한지 七○돌이 되었음을 기념하기 위해 오늘 이 터에 돌비를 세운다.

東光

– 古稀를 맞아

어린 시절
배움의 큰 꿈 키움에
두손 모아 맞은 우리 東光
역사적 개교는 1936년 이었다네
한밭 동녘의 紫陽에
동문들의 숨결이 곱게 배인 곳
오랜 攝理의 春夏秋冬은
꿈나무들의 꽃맞이 동산이라네

대전광역시 자양동 · 대전동광초등학교 교정

志松 安明鎬 글
石村 朴燦奎 書

2006. 4. 13
대전동광초등학교
총동창회가 자리를 마련하고
홍성호(24회)
김창식(27회) 이 세우다.

대전광역시 동구 자양동 동광초등학교 교정에 「대전동광초등학교 동문찬가비」가 아담하게 서있다. 1936년에 개교한 이 학교의 고희(古稀)맞이 기념으로 김영훈 교장(아동문학가)과 총동창회가 중심이 되어 대전동광초등학교 개교 70주년 기념비를 세우면서 함께 세운 것이며 이 비(碑)에는 안명호 시인이 쓴 「東光」이란 시가 새겨져 있다.

이 시는 어린 시절 배움의 큰 꿈 키운 동광을 회상하고 그 동문들의 숨결이 곱게 배인 모교사랑의 고운 뜻을 다시 짚어보며 섭리(攝理)의 세월을 꿈나무들의 꽃맞이 동산에 심어놓고 있다.

변화난측(變化難測)의 세상사에 섭리를 심어 시심을 밝힌 것은 순수지향의 의미가 깊은 것으로 사료된다. 사전적 의미에 기반을 둔다면 병을 치료하여 쇠약한 몸을 회복시키는 일도 섭리요 남을 대신하여 처리하고 다스리는 일도 섭리다. 그러나 이 시에선 세상을 다스리는 이치로서의 섭리가 더 강력한 의미로 다가선다.

그렇다면 인간의 이익에 대한 염려, 인간을 바르게 인도하는 질서, 인간 주체의지로서의 은혜, 운명으로서의 세계관 같은 것이 섭리의 언어영역을 관통하고 있어 교육적 의미도 크다 할 것이다.

안명호 시인은 대전출신으로 공주사범대학을 졸업, 평생 교육계에 헌신했고 대전PEN클럽 회장을 역임했으며 현재도 노년이 푸르도록 문단활동을 하고 있다.

17. 3·8민주의거기념탑

대전광역시 서구 둔지미 근린공원 내

증언의 얼굴

김용재

천둥하는 몸짓 출렁였다
가슴 터지는 아우성 드높았다

1960년 3월 8일
민주의 목숨을 위해
자유의 광명을 찾아
파도처럼, 대전의 학생의거
양양했다 - 우뚝했다

무지한 총부리도
비겁한 방망이도
못난 바리게이트도
모두 기세를 잃고
정의의 깃발로 올린
역사의 불꽃 진실로 뜨거웠다

시대의 검은 장막을 뚫고
저 눈부신 하늘 향해
증언의 얼굴로 탑이 서다

3·8민주의거기념탑 - 건립문

3·8민주의거는 1960년 3월 8일부터 10일까지 대전의 고등학교 학생들이 맨손으로 독재정권에 항거한 선구적 학생운동이다.

부정과 부패, 불의와 불법, 억압과 폭정으로 빼앗긴 민권을 되찾기 위해 무장의 철권에 맞서 목이 터져라 자유와 정의를 외친 이 운동은 곧 4·19혁명으로 이어진 충청인의 시민정신이요 깨어있는 민족혼의 발로였다. 자랑스런 이 정신을 길이 선양하고 전승하기 위한 간절한 뜻을 여기 고귀한 생명의 돌 하나에 새긴다. 순결한 학원을 밀치고 나와 거리에 용솟음치던 그 푸른 함성은 민족의 존엄을 찾는 생생한 넋이었고 민주제단의 거룩한 횃불이 되었음을 증언하노니, 어찌 그 뜨거운 주권의 불길을 잊을 수 있으랴, 이제 우리의 의로운 역사는 숭고한 소망의 빛깔로 3월을 더 곱게 꽃피우고 더 찬란하게 가꾸어 갈 것이다.

2006년 7월

사단법인 3·8 민주의거기념사업회, 사단법인 대전 · 충남 4·19혁명동지회

3·8민주의거 기념조형물 건립추진위원

권오덕 김강준 김계방 김동흘 김만영 김무한 김봉재 김상섭 김선균 김선근 김성무
김성준 김순원 김영광 김용문 김용재 김원웅 김태순 김태희 김혁동 나이수 노만석
노용부 민원식 민웅식 박강수 박노순 박병현 박연철 박제구 박웅범 변병학 신종구
서정의 서영석 성주호 성우용 양창열 염석원 오명환 오복영 오성근 오영자 오천균
오희중 유재익 이강호 이기용 이부흔 이상훈 이성숙 이양희 이은구 이원옥 이재환
이준호 이창수 이해남 인창원 임유덕 전인석 전희남 정기창 정무영 정일근 정일득
정풍영 조영재 차창국 최영상 최우영 한만우 홍성표 홍순양 황충민

▲ 자유와 민주의 큰 열매를 상징하는 대형의 구(球)

지원기관 : 국가보훈처, 대전광역시
시 행 처 : 사단법인 3·8민주의거기념사업회
사단법인 대전·충남 4.19혁명동지회
조 각 : 한남대학교 교수 박병희
글 씨 : 대전대학교 교수 정태희
시 공 : 경기석재, 태종미술 주조
건 립 일 : 2006년 7월

3·8민주의거는 1960년 3월 8일과 3월 10일 대전의 고등학생 1천 6백여명이 교실을 박차고 나와 자유당의 각종 부정부패 및 그릇된 선거 전략을 규탄하고 학원의 자유를 쟁취하기 위해 맨손으로 독재정권에 항거한 선구적 학생운동이다. 이 운동은 곧 대구의 2·28과 마산의 3·15등 전국적인 학생운동과 더불어 4·19혁명으로 이어진 충청인의 시민정신이요 깨어있는 민족혼을 천하에 드러낸 것이었다. 민주제단의 거룩한 횃불이 된 그 푸른 함성을 기려 사단법인 3·8민주의거기념사업회와 대전충남 4월혁명동지회가 주관하여 국가보훈처 및 대전광역시로부터 8억 원을 지원 받아 2006년 7월 14일「3·8민주의거기념탑」을 세우고 그 제막식을 거행했다.

한남대 박병희 교수가 조각을 했고, 대전대 정태희 교수가 글씨를 썼으며 김용재 시인(필자)이 기념시를 썼다. 이 시는, 시사성의 한계, 3·8의 무게, 과장법 배제 등의 문제를 생각하며 결국 직접 참여 했던 3·8의 생동감에 기대어 그 날의 현황을 집약해서 제시했고 민주와 자유에 대한 기운, 정의의 승리감과 역사의 불꽃, 새 시대를 위한 증거의 뜻을 담아 기념시로서의 면모를 살려 본 것이다.

3·8대전민주의거는 대구의 2·28, 마산의 3·15, 그리고 4·19혁명과 부·마 항쟁, 6·10 항쟁과 더불어 민주화운동기념사업회법 정의 내용에 포함되어 있다. (2013. 4. 29·국회 본회의에서 개정법률안 통과)

18. 대전보훈공원

대전광역시 중구 사정동 대전보훈공원

조국의 하늘

종으로 울리고 메아리쳐라
수호신으로 불 켠 넋이 되어 증언하라
산 넘어 오는 포성이 불꽃 화광에 작렬하고
차라리 국토의 흙이 되리라고 죽음을 맞이했을 때
자유를 울부짖으며 조국은 울었다

폐허의 땅 지켜 낸 불퇴전의 호국영령들
무엇으로 보상할 수 없는 젊은 희생으로
조국은 지구촌 번영의 큰 길에 우뚝 섰다

조국의 하늘
나의 혼 숨 쉬는 고향
우리 또한 피맺힌 역사의 생명에서 태어났다

그대 영혼은 조국을 비상하는 날개
삶의 영욕도 풀뿌리의 함성도 여기 부어라

가치있는 것은 끝까지 굴욕되지 않는다
나라사랑의 검은 독수리 유유히 하늘에 떠돌고
겨레의 비원이 머언 천손족에서 꿈길로 내린다

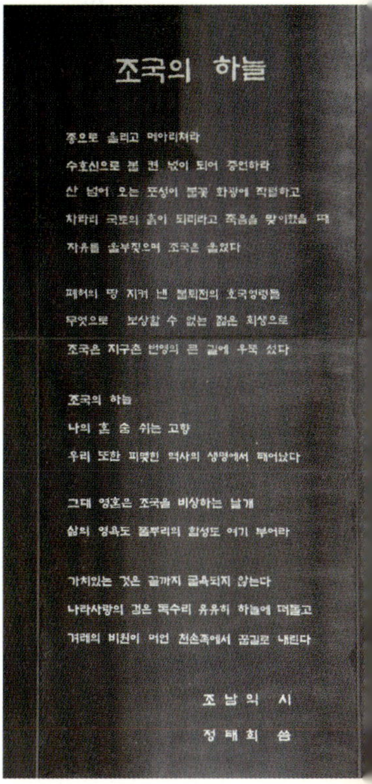

조남익 시
정태희 씀

영렬탑 건립기

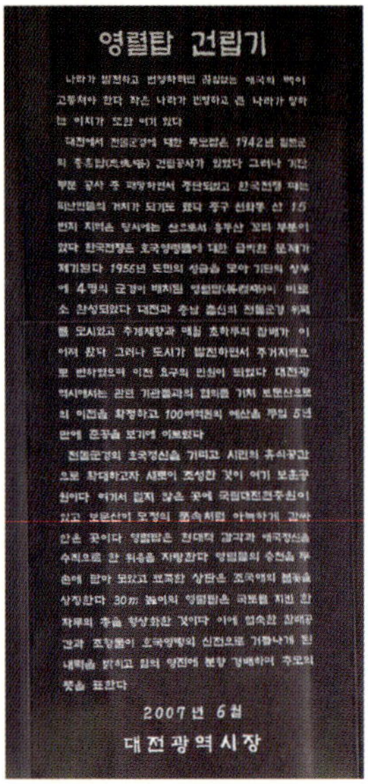

나라가 발전하고 번영하려면 끊임없는 애국의 맥이 고동쳐야 한다. 작은 나라가 번영하고 큰 나라가 망하는 이치 또한 여기 있다.

대전에서 전몰군경에 대한 추모탑은 1942년 일본군의 충혼탑(忠魂塔) 건립공사가 있었다. 그러나 기단 부분 공사 중 패망하면서 중단되었고 한국전쟁 때는 피난민들의 거처가 되기도 했다. 중구 선화동 산 15번지 지역은 당시에는 산으로서 용두산 꼬리 부분이었다. 한국전쟁은 호국영령들에 대한 급박한 문제가 제기된다. 1956년 도민의 성금을 모아 기단의 상부에 4명의 군경이 배치된 영렬탑(英烈塔)이 비로소 완성되었다. 대전과 충남 출신의 전몰군경 위패를 모시었고 추계제향과 매월 초하루의 참배가 이어져왔다. 그러나 도시가 발전하면서 주거지역으로 변하였으며 이전 요구의 민원이 되었다. 대전광역시에서는 관련 기관들과의 협의를 거쳐 보문산으로의 이전을 확정하고 100여억원의 예산을 투입 5년만에 준공을 보기에 이르렀다.

전몰군경의 호국정신을 기리고 시민의 휴식공간으로 확대하고자 새로이 조성한 것이 여기 보훈공원이다. 여기서 멀지 않은 곳에 국립대전현충원이 있고 보문산이 모정의 품속처럼 아늑하게 감싸안은 곳이다. 영렬탑은 현대적 감각과 애국정신을 수직으로 한 위용을 자랑한다. 영렬들의 승천을 두 손에 담아 모았고 뾰족한 상단은 조국애의 불꽃을 상징한다. 30m 높이의 영렬탑은 국토를 지킨 한 자루의 총을 형상화 한 것이다. 이에 엄숙한 참배공간과 조형물이 호국영령의 신전으로 거듭나게 된 내력을 밝히고 임의 영전에 분향 경배하며 추모의 뜻을 표한다.

2007년 6월
대전광역시장

대전보훈공원은 2008년 11월 6일 개원했다. 나라를 위해 싸우다 산화한 호국영령들의 위훈을 기리기 위하여 새롭게 조성한 추모공원이다. 본래는 1942년경 일본군 위패봉안을 위해 지금의 선화동에 충렬탑으로 건립되었다가 1956년 내부수리 및 군인동상 건립 등 보완 후 영렬탑으로 개칭하였고 50여 년이 지난 최근에 이르러 선화·용두지구 재정비 촉진사업으로 인해 보문산 공원으로 옮긴 것이다.

그러나 6·25참전기념비 – 6·25참전용사비 – 월남참전각인비 – 월남참전기념비 – 영렬탑 – 위패봉안소 및 부조화랑 – 전시실 등 각종 시설을 현대적으로 확충 보완하며 새롭게 발전시켜, 나라를 위해 공을 세웠거나 희생한 분들을 예우하고 공훈에 보답하는 뜻을 펼칠 수 있도록 대전의 큰 사업으로 결실을 본 것이다.

공원 가장 높은 곳 위패봉안소가 있는 기억의 벽에 보훈(報勳)의 뜻을 담은 한편의 시 「조국의 하늘」이 새겨져 있다. 조남익 시인이 시를 지었고 서예가 정태희 교수(대전대)가 글씨를 썼다. 조국과 자유와 희생정신을 기리는 나라 사랑의 가치, 그렇게 '가치있는 것은 끝까지 굴욕되지 않는다' 는 시심을 역동적으로 펼치고 있다 할 것이다. 조남익 시인은 부여 출신으로 중등교장으로 정년 하였고, 충남중등국어교육연구회장, 한국문인협회대전지회장을 역임했으며 공주대, 건양대 등 대학에도 출강했다.

19. 박용래 시인의 옛 집터

대전광역시 중구 오류동 149-12

五柳 洞의 銅錢

한때 나는 한 봉지 솜과자였다가
한때 나는 한 봉지 붕어빵이였다가
한때 나는 좌판坐板에 던져진 햇살이였다가
중국집 처마밑 조롱鳥籠 속의 새였다가
먼 먼 윤회輪廻 끝
이제는 돌아와
오류동五柳洞의 동전銅錢

詩人의 옛 집터

이곳은 여린 감성의 詩로 유명한 故 朴龍來 詩人이 사시던 옛 집, 靑柿舍(堂號)터다. 全國의 詩人이나 文章家들이 자주 들려 詩心과 藝魂을 나누며, 결고운 作品을 創作하던 곳이다. 그동안 사는 이 없이 비워둔 집을 大田廣域市 中區廳이 사들여 住民 便益施設로 造成하면서, 抒情넘치는 朴 詩人의 創作搖籃을 紀念하기 爲하여 이 標石을 세운다.

2009. 5. 29
대 전 광 역 시 중 구 청 장
(사)한국문인협회 대전지회장

詩人의 略歷

1925년 충남 강경 본정리에서 태어나, 강경 중앙보통학교, 강경상업학교 졸업, 은행원과, 교사를 역임하면서 詩作에 열중, 1956년 현대문학으로 등단한다. 1965년 이 곳(중구 오류동 149-12)에 집터를 마련하고 손수 집을 지어, 당호를 〈청시사 靑柿舍〉라 하고 1980년 영면에 들 때까지 빛나는 창작활동으로 대전문학발전에 커다란 족적을 남기다. 시집으로는 〈싸락눈〉 〈강아지풀〉 〈백발의 꽃 대궁〉, 유고시집 〈먼 바다〉 등이 있다. 제5회 충남도문화상, 현대시학 제1회 작품상, 사후에 제7회 한국문학 작가상을 받는다.

박용래(1925-1980) **시인**은 소박하고 순수한 한국정서를 눈물로 표현한 감성의 시인이다. 1965년 봄 시인의 나이 40에 대전 오류동에 처음으로 내 집을 마련하고 후에 당호(堂號)를 청시사(靑柹舍)라 하였다. 대문 옆에 제법 큰 감나무 한 그루가 서있던 인연으로 지어진 이름이다. 1980년 이승을 떠날때까지 시인은 이 집에 살면서 좋은 시를 많이 창작해냈고 전국의 많은 시인들과 예술인들이 또한 이 집을 들락거렸다. 그러면서 시인에 대한 글도 많이 발표되었다.

미당선생(서정주:1915-2000)은 「朴龍來」(문학사상.1976.1월호)라는 시에서 박용래 시인을 '지혜있는 장 속의 시의 새'라고 표현하기도 했다. 그 후 자녀들은 모두 출가하여 따로 살림을 나고, 부인 이태준 여사께서도 타계(1989)하신 후 한동안 청시사는 사는 이 없이 비어있었다. 그런 가운데 대전광역시 중구청이 이 집(오류동 149-12)을 사들여 주차장으로 조성하였다. 안타깝게 생각하며 한국문인협회 대전지회에서 2009년 5월 29일 이곳 한 모퉁이에 「詩人의 옛 집터」 표석을 세우고 시 「오류동의 동전」과 「시인의 약력」을 함께 새겼다. 「오류동의 동전」은 시인의 유고작으로 《심상》(1984.10월호)에 발표되었다. 관념이 배제된 사물의 세계를 드러내면서 순수한 어린이의 심적 공간으로 시심을 몰아간 것은 자전적 초월의식이 바탕이 된 것으로 보여진다. 아울러 해탈이나 다른 생(生)을 받는 먼 먼 윤회 끝에서도 오류동의 동전으로 돌아온 것은 자기동정과 자기연민의 달관의식으로 보아도 좋을 듯 하다. 중구 보문산 사정공원의 「저녁눈」시비와 함께 새길 가치가 높다 할 것이다.

20. 유림송덕시비

대전광역시 유성구 어은동 유림공원 내

유림공원(裕林公園)에서

石琶 리헌석

하늘의 뜻이었을까,
기러기 떼(甲川落雁) 찾아오고
고기잡이 횃불(甲川漁火)도 밝더니,
피리(漁隱夜笛) 가락 따라
바람이 먼저 알고 길을 쓸었네.

2007년, 희수(喜壽)를 맞아
유림(裕林) 이인구(李麟求)선생이
정재(淨財) 100억 원을 베풀어
2009년, 빛을 본 명품 공원

한밭의 중심에
숨결보다 귀한 세상을 열어
그대와 함께 가꾸는 행복의 노래가
정겨운 무지개를 세우리니

도심의 숲이 그립거든 오라
즐기고 공부하며,
순정한 메아리를 아름다이 펼치며
눈빛을 나눌 그대여

봄꽃 사이 사랑이 흐르면
새들도 여름을 노래하고
단풍잎 붉게 타는 하늘이 고와
눈꽃 또한 마중하리니,
웅숭깊은 배려가 사철 눈부시리니

유림공원은 이인구 계룡건설 명예회장이 사재 100억 원을 출연 조성하여 대전시에 기증한 명품 도시숲이다. 공원의 명칭은 기증자의 호 유림(裕林)에서 따온 것이며 유성구청 앞 갑천과 유성천 삼각주 일대에 있고 5만 7400㎡(1만 7400여평) 규모이다.

공원에는 교목류, 관목류와 수많은 꽃들이 어우러진 가운데 특히 은행나무 숲길, 메타세콰이아 숲길, 이팝나무 숲길, 벚나무 숲길 등 각 나무를 주제로 한 테마산책로가 만들어져 다양한 나무군락을 볼 수 있는 것이 특징적이다. 아울러 한반도 모양으로 만들었다는 연못 반도지(半島池)와 연못 안의 연꽃, 비단잉어, 백조, 그리고 벽천(壁泉)과 물레방아 등 운치를 더해준다. 울타리를 두르지 않고 동서남북 어디서나 들락날락 할 수 있고 산책코스가 여러 갈래로 나누어져 특색을 지니고 있는 것은 이 공원의 장점이다. (김용재의 『큰 꿈은 일어나 날개를 달고』 p.127에서)

이 공원은 2009년 7월에 처음 문을 열었고 여기 시비에 새긴 시 〈유림공원(裕林公園)에서〉는 이인구 선생의 공로(功勞)와 인덕(仁悳)을 기리며 도심속 숲의 그리움을 노래한 것이다.

시를 쓴 리헌석 시인은 충남 공주 출신으로 공주교대를 졸업하고 한남대 대학원에서 수학하였으며 성모여고 교사, 한국문인협회 대전시지회장을 역임 하였으며 현재 《문학사랑》대표로 있다.

최근에는 제1회 유림공원 사생대회(2010) 글짓기부문 장려상 수상자 이수민(대전목양초등학교3-4)의 작품 「유림공원에서」와 제2회(2011) 글짓기부문 우수상 수상자인 김수진(대전어은초등학교 6-1)의 작품 「넉넉한 숲, 유림공원」 그리고 제3회(2012) 글짓기부문 우수상 수상자인 박유나(동명초등학교 4-1)의 작품 「초록색의 유림공원」을 돌에 새겨놓고 공원에 오는 사람들의 눈길을 끌고 있다.

21. 삼성초등학교 개교 백주년 기념비

대전광역시 동구 삼성동 - 대전삼성초등학교 내

삼성을 기리는 노래

박장수 (시인, 46회)

여기는 우리들
마음의 고향

개구쟁이 철들자마자
웅비의 날갯짓을
맨 처음 배우던 곳

교정의 거목을 타고
우리의 꿈무리도
하냥 부풀었나니

아, 생각만 하여도 가슴 짜릿한
그 얼굴,
얼굴들.

이제 백 년 징검다리
다지고 또 다져서

오늘은 참,
보배로운 날임에

이 돌 자라
저 파란 하늘에 닿는 날까지

삼성인들이시어

부디, 정갈한 노래로
온 세상 고옵게 곱게
색칠해 가옵소서.

2011년 9월 1일
개교 백주년을 맞으며.

개교 100년 약사(略史)

대전삼성초등학교는 일제강점기인 1911년 8월 조선총독부가 "조선교육령"을 발표한 뒤 같은 해 9월 1일 대전의 근대 교육기관으로서는 처음으로 회덕공립보통학교로 개교했다 이후 행정구역의 개편에 따라 대전공립보통학교 대전제1공립보통학교 대전영정심상소학교 대전영정공립초등학교 등으로 변경되었다가 해방 후 1947년 5월 대전삼성공립초등학교 1949년 대전삼성국민학교 1996년 대전삼성초등학교로 교명이 바뀌어 오늘에 이르고 있다 우리 모교는 대전지역의 근대 교육기관이 각각 형성되는 과정에서 부설간이공업학교 부설간이상공학교 대전사범학교 등 고등교육기관의 신설과 지금의 신흥초 대흥초 성남초등학교의 분리신설 등 산파역을 담당해왔다 이처럼 대전의 근현대사와 궤를 같이하면서 성장한 모교는 1915년 28명의 남자 및 1919년 11명의 여자졸업생이 처음 배출된 이래 국가와 사회를 위하여 봉사하고 공헌한 인재 3만 2천여명의 졸업생을 배출하였다

100th 대전삼성초등학교
개교 100주년 즈음하여

한밭벌에 인재양성의 요람으로 1911년 9월 1일 모교 대전 삼성초등학교가 우뚝 열렸으니 이 아름답고 영광된 100년의 역사를 기리고 영원히 빛나도록 이 비를 세우고 기념하다

2011 9월 1일
대전삼성초등학교
총동문회장 김창수
학 교 장 강복순

대전에서 가장 오래된 전통을 지니고 있는 대전삼성초등학교의 「개교백주년기념비」는 별다른 의미가 있다. 그 별다른 의미는 「개교100년 약사」에 나타난 바와 같이 대전의 근현대사와 궤를 같이 하고 있다는 점이다.

이 아름답고 영광된 100년의 역사는 박장수 시인의 기념시 「삼성을 기리는 노래」로 의미가 더 깊다. 시인은 웅비의 날개를 맨 처음 배우던 곳-꿈무리도 하냥 부풀었고-이제는 백년 징검다리 다지고 또 다져서-이 돌 자라 저 파란 하늘에 닿는 날까지-부디 정갈한 노래로 온 세상을 고옵게 곱게 색칠해가자고 주문한다. 삼성인으로서의 영원성, 일체성, 그리고 아름다운 지성과 감성이 이 시의 혈관에 흐르고 있다는 생각을 해 본다.

박장수 시인은 삼성초등학교를 거쳐 대전고, 공주사대 국문과를 졸업하고 평생교육계에 봉사했으며 경기도 곤지암고등학교에서 정년퇴임을 했다. 월간 《한국시》를 통해서 문단에 등단하였으며 한국적 정서를 바탕으로 현대적 의식을 갈고 닦는 작업인 듯 시를 쓰고 있는 시인으로 알려져 있다.

22. 3·8민주의거기념비

대전광역시 중구 대흥로 130, 대전고등학교 교정

1960년 3월 8일 순정한 정의의 함성이
침묵하던 시대와 강산을 흔들어 깨워
마침내 4 · 19혁명으로 이어지게 하였으니
그 의기 높고도 장했다

여기를 거쳐가는 대능의 젊은이여!
불의를 보고 분노할 줄 아는
그날의 용기를 되새겨
항상 깨어있어라

2013 3월 8일
40회 김정남 짓고 49회 정태희 쓰고
40, 41회 동창회 세우다

2013년 3월 8일 3·8민주의거기념비 제막식 광경

- 3·8민주의거는 1960년 3월 8일 ~ 3월 10일, 자유당 독재정권의 부정과 부패, 불법적 인권유린에 대항하여 대전지역 고등학생들이 민주와 자유, 정의를 위한 순수한 열정으로 불의에 항거한 민주화운동이다. 이는 충청권 최초의 학생운동이며 지역 민주화 운동의 효시로 역사적 교훈과 가치가 큰 것이며 4·19혁명의 단초로서 중대한 의의를 새길 수 있다.

- 대전광역시에서는 3·8민주의거를 기념하고 그 정신을 계승발전시켜 나가기 위하여 조례를 공포함. 제3768호 (2009. 10. 9)

- 지난 4월 29일에는 3·8대전민주의거가 민주화운동기념사업회법 제2조(정의)에 포함되어야 한다는 내용의 개정 법률안(이명수 의원 발의)이 국회 본회의에 통과되었다. 이로써 3·8민주의거는 대구의 2·28, 마산의 3·15, 4·19혁명, 부·마 항쟁, 6·10항쟁과 함께 민주화운동 반열에 명실상부한 이름을 올리게 되었다.(김용재 글)

《대전문학시대》 2013-여름호. 대전문화의 현장㉘

문학시대기획총서 3

대전의 문학비와 詩가 사는 기념비

펴낸날 _ 2013년 9월 9일

지은이 _ 대전문인총연합회 회장 김용재

펴낸곳 _ 기획출판 오름 Orum Edition

등록번호 _ 동구 제 364-1999-000006호

등록일자 _ 1999년 2월 25일

주소 _ 대전광역시 동구 삼성1동 122-2

전화 _ 042.637.1486

팩스 _ 042.637.1288

E-mail _ orumplus@hanmail.net

ISBN _ 978-89-90151-33-9

값 12,000원

· 본 사업은 대전문화재단 에서 사업비 일부를 지원받았습니다.